方向音痴って、なおるんですか？

吉玉サキ

はじめまして

突然だが、あなたは方向音痴だろうか？

私は方向音痴だ。5年住んでいる自宅周辺でも迷子になる。たとえ日常的によく行く店であっても、違う道から行こうとするともうたどり着けない。

迷子になること自体はそこまで問題じゃない。なんだかんだあっても家には帰れているわけだから。

方向音痴で困るのは、知らない場所に行くのが怖くなってしまうことだ。知らない街にもたくさん出かけたいのに、「道に迷うんだろうな～」と思うと億劫《おっくう》になってしまい、ついつい知っている場所にばかり行ってしまう。これは物書きである私にとって由々しき問題だ。行動範囲が狭いと、拾えるネタが限られる。

あぁ、好奇心の赴くままに知らない街を歩けたらどんなにいいか……！

そんな私に、とある編集者の方から一通のメールが届いた。

「方向音痴を克服する企画をやりませんか？」

なんでも、専門家の先生方にアドバイスをもらったりして、あの手この手で方向音痴の改善を目指す企画だとか。これ幸いとすぐに引き受けると、最初の打ち合わせで担当編集の中村嬢（お若いのにしっかりしたお嬢さんだ）はニッコリ笑って言った。

「この連載は、吉玉さんが方向音痴を克服したら終了です」

なんと！

もし私が克服できなかったら企画が成立しないじゃないか！　しかも専門家の先生の顔に泥を塗ることになるのでは……。

不安を抱きつつスタートしたこの企画。まずは、私の方向音痴がどの程度のものかをご説明しよう。

グーグルマップを見ても道に迷う理由

方向音痴を代表して、方向音痴じゃない人に言いたいことがある。

方向音痴じゃない人はよく「道に迷う？　グーグルマップ見ればいいじゃん」とこともなげに言い放つ。

……見てないとでも？

私だって現代人だ、文明の利器グーグルマップは当然見ている。見ても迷うから困っているのだ。

方向音痴は、グーグルマップを見ても最初の一歩をどちらに進むべきかわからない。

グーグルマップで目的地を検索すると、目的地は赤いピン、現在地は青い丸で表示される。そして経路を検索すると、目的地と現在地を結ぶ最短ルートが線で表示される。しかしそれを見てもなお、目の前の道を右に進むのか左に進むのかがわからない。現実の風景と地図が、脳内でうまく照合されないのだ。

わからないので、いちかばちか勘で歩きだす。地図上の青丸が思いどおりの方向に動けば「よかった、こっちで合ってた！」と安堵し、反対側に動けば「違った！」と戻る。この高度に文明が発達した現代において、実際に歩いてみるという非常に原始的な手段でしか方向を確認できない。

方向音痴じゃない人は「じゃあナビ機能を使えば？」と言うだろう。

しかし、私はナビ機能を使っても最初の一歩がわからない。なぜなら、ナビは方角で指示してくるからだ。「南に進む」と言われても、こちとら南がどっちかわからない。方角じゃなく左右で言ってほしい。もちろん、私の向きによって左右が変わってしまうことは理解しているが、現代のテクノロジーならスマホを持つ人間の向きを判断するくらいできそうじゃないか。

また、最大の難関は駅だ。

首都圏の大きな駅って、ちょっと難しすぎやしないか。上京してきた地方出身者は、一度は駅構内で迷ったことがあるだろう。ちなみに私は札幌出身だが、地元の駅でもかなりの頻度で迷う。

そんなときこそグーグルマップの出番なのだが、駅構内で迷っているときにグーグルマップを見ても、「巨大なピンクの空間を青丸がウロウロしている」ようにしか表示されない。意味がないじゃないか！

渋谷駅や新宿駅など、駅ビルがいくつも合体している巨大な駅は構内から脱出するだけで一苦労。下手すれば駅から出るのに30分以上かかる。

恐怖！　気づけばもといた場所に戻っている

ここで具体的なエピソードを披露しよう。数年前、後輩とラーメン屋さんに行ったときのことだ。

そのお店は最寄り駅から徒歩30分。車で行く人が多いだろうが、我々は車を持っていないため徒歩で目指した。

方向感覚バッチリと豪語する後輩は駅でグーグルマップを確認し、小さく頷《うなず》きながら「なるほど」とつぶやいた。

出た！　方向音痴じゃない人が地図を見たときによくやるやつ！　なにが「なるほど」なのかわからない私としては、一度でいいからやってみたい。

後輩いわく、ラーメン屋さんまでは簡単な道のりとのこと。後輩はそのあと一度も地図を見ることなく目的地にたどり着いた。

さて、ラーメンを食べ終わって駅に戻るとき。私が方向音痴だと話したからか、後輩は「帰りはサキさんのナビで駅に戻りましょう。自分は何も言いません。グーグルマップも見ちゃダメです」と提案してきた。

「いやいやいや、いくら私でも来た道を戻るだけだからわかるよ」

そう笑って歩きだしたものの、わりと早い段階で道がわからなくなった。自分の方向音痴力を見誤っていたようだ。

「ごめん、ヒントちょうだい。駅の方向だけ教えて」

私が言うと、後輩は右斜め前方を指して「あっち」と言った。

「なるほど」

私は後輩の指した「あっち」に近づこうと道を右折した。その後も、曲がり角に出くわすたび「あっち」を目指して曲がる。

そうして到着したのは、さっきまでいたラーメン屋さんだった。

駅=右斜め前方と刷り込まれた私の脳は、右斜め前方を求めて右折を繰り返し、ぐるっと一周してしまったのだ。

後輩は「本気ですか……?」と怯《おび》えた表情をしている。私だって、冗談であってほしい。

目的地が動く?

このとき私の脳内で何が起きていたのか、図で説明しよう。

ラーメン屋さんを出た時点では、駅は右斜め前方にある(図A)。

その後私たちが右折すると、図Bのようになる。これを私の視界から見ると、駅は左斜め前方になる(図C)。

すると私の脳は、「右斜め前方にあったはずの駅が、左斜め前方に移動した」よう

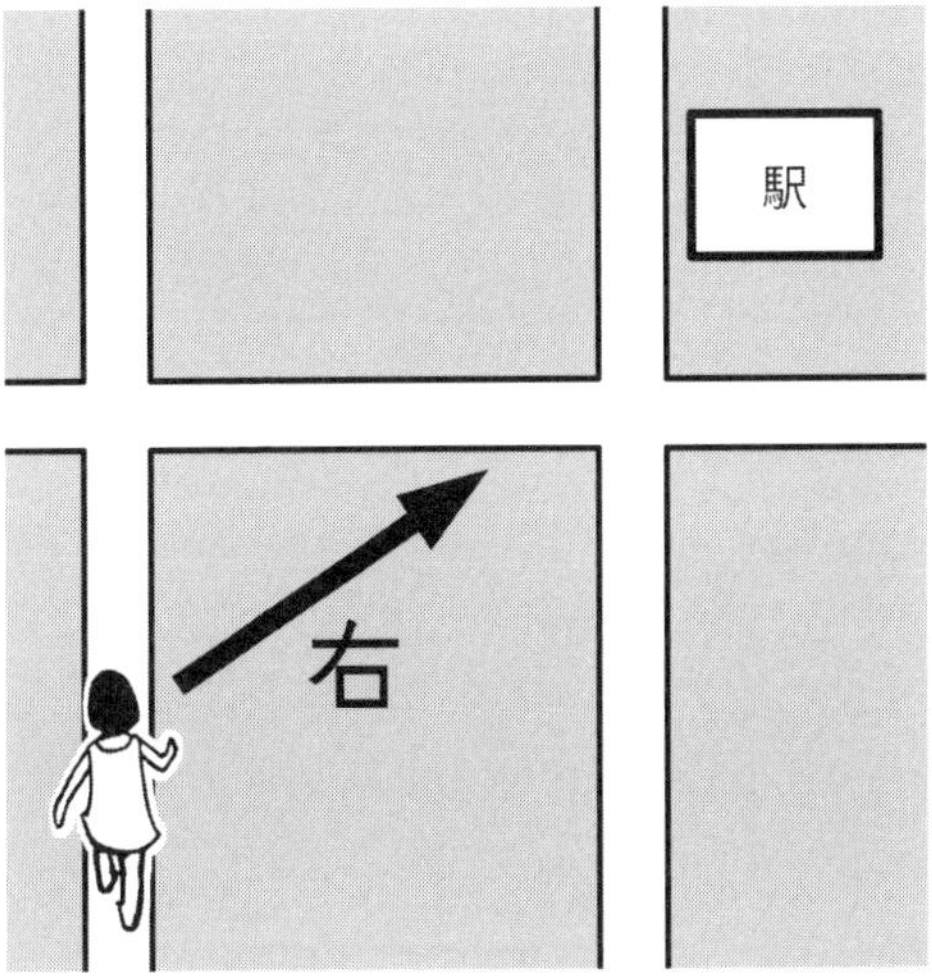

図A

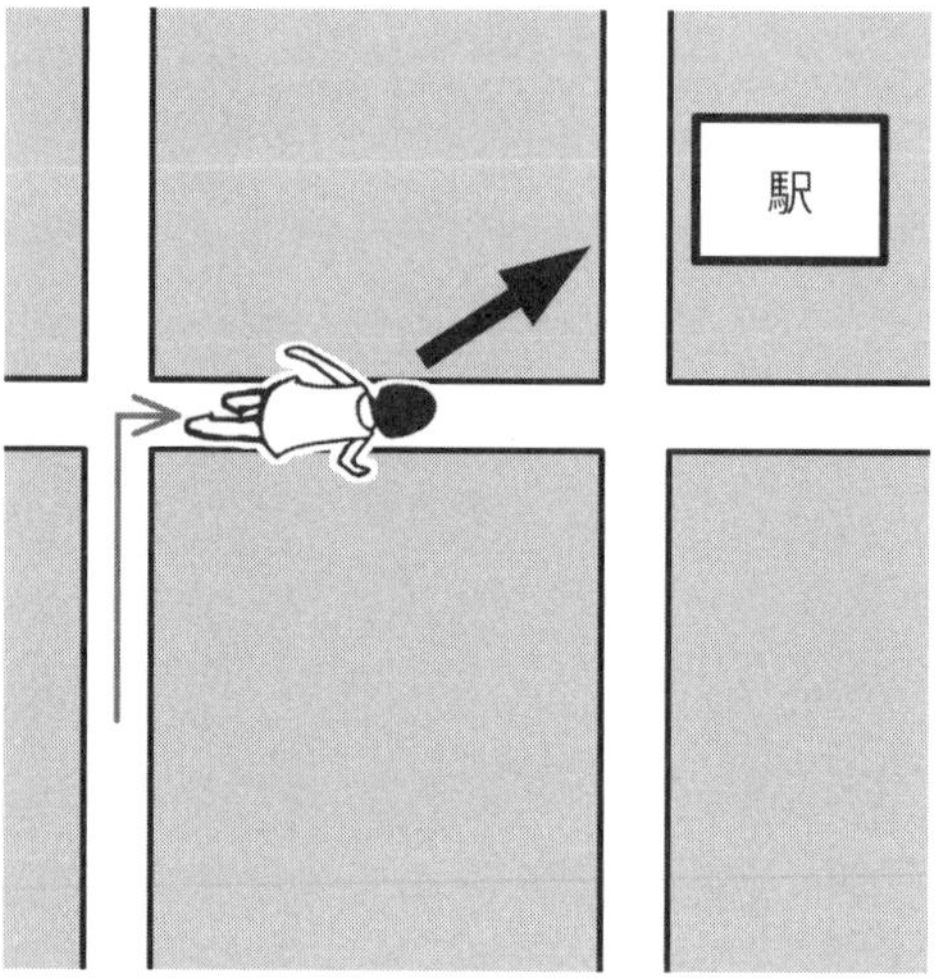

図B

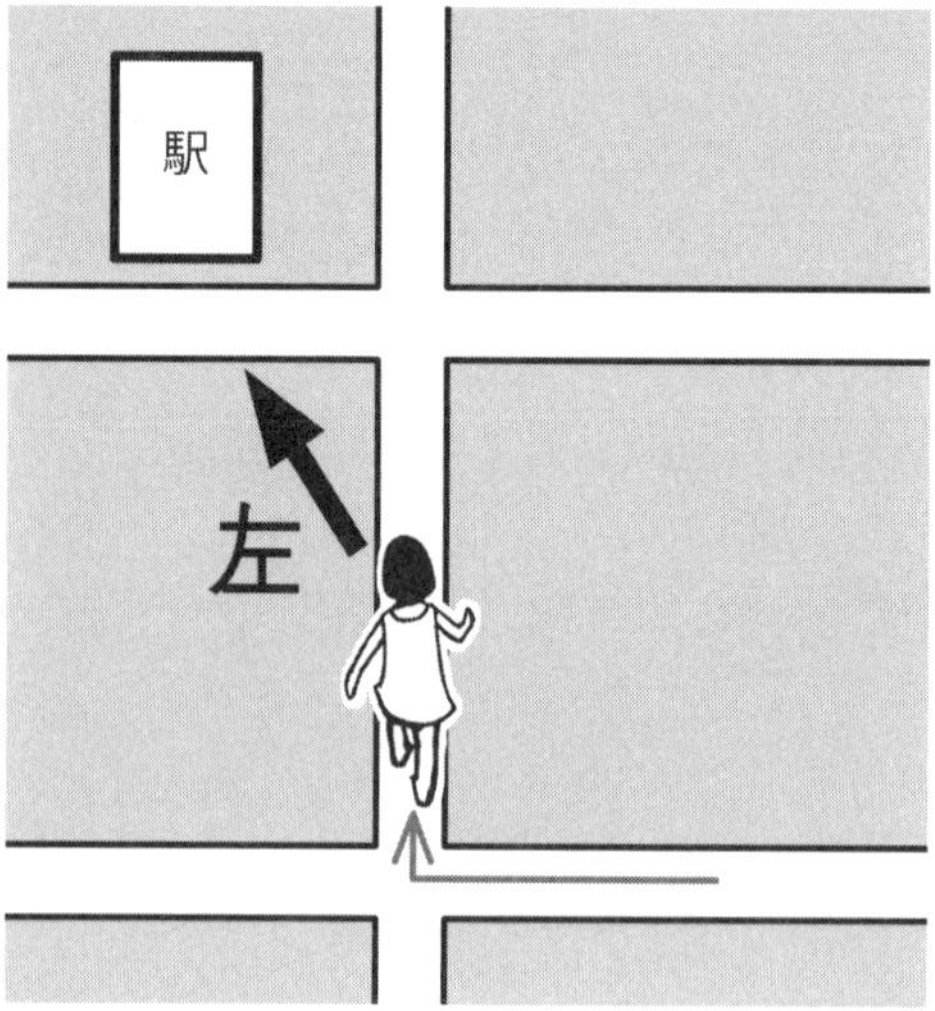

図C

に錯覚してしまう。

もちろん、駅じゃなくて自分が動いたことは理解している。しかし、どうしても右折・左折のたびに目的地が動くように感じられ、混乱してしまうのだ。

……という話を中村嬢にしたら、ものすごく途惑った表情をさせてしまった。おそらく、「吉玉さんはいまだに天動説を採用しているのかな？」と不安になったことだろう。

さらには次に会ったとき、「この前の目的地が動く話、編集部がザワついていました」と報告された。お騒がせして申し訳ない。

はたして、こんな私でも方向音痴を克服できるのか？

方向音痴の人は「わかるー！」と頷きながら、方向音痴じゃない人は「何言ってんの？」と笑いながら読んでほしい。

目次

第一歩

自分を知る

まずは現状把握！

方向音痴あるある

改善に取り組む前に、私がどれほどの方向音痴なのか、そしてこれを読んでいるあなたは方向音痴かどうか、お互いのレベルを把握したい。

そこで、編集部が独自に集めた「方向音痴あるある」にどれだけ共感できるか、（比較的）方向感覚のある中村嬢と私でおしゃべりしてみた。

はたして、あなたはいくつ共感できるだろうか？

ほとんどに「わかるー！」と思ったら……残念ながらあなたは私のお仲間だろう。

地図をくるくる回してしまう

吉玉　回します。進行方向を上にしてないと、どっちに曲がっていいかわからないじゃないですか。

中村　私は回さないですね。地図は常に北が上の状態で見ます。

吉玉　じゃあ目的地が南だったら、下に下に進むことになりますよ？

中村　下に進むの、そんなに困ることですか？

吉玉　だって、上が前で下が後ろじゃないですか。下に進むとしたら後ずさりしていかなきゃ道がわからなくなっちゃう。

中村　後ずさり……？

「北が上じゃない地図」を見てもそのことに気づかない

吉玉　地図って必ず北が上じゃないんですか？

中村　駅に掲示されている地図とかは、「東向きで見るように掲示された地図なら東が上」というふうに、地図のある方角が上になっていることが多いです。

吉玉　知りませんでした。

中村　そういえば吉玉さん、さっき駅の地図を見ていましたよね。北が上じゃないことに気づきませんでしたか？

吉玉　手元にある紙の地図となんか違うな～とは思いました。そうか、紙の地図は北が上で、駅にある地図は別の方角が上だったんですね。

中村　それすら気づいてなかったとは……。

カーナビやアプリのナビ機能に酔う

吉玉　これはないです。

中村　初めて「ない」が出ましたね。

吉玉　酔うことはありません。でも、アプリのナビ機能を使用中に方角がわからなくなることはありますね。スマホの画面を指でつまんで縮小したあとにまた拡大すると、もう進行方向がわからなくなって途方に暮れます。

中村　なんのために縮小するんですか？

吉玉　アプリを見ていても不安なとき、来た方向を確認したくなるんです。たとえば駅から出発したとして、駅がスマホの画面から見切れてしまうと、縮小して確認したくなりません？

中村　それはまぁ、わかります。

吉玉　でもいったん縮小して元に戻すと、なんだか地図がさっきと違う気がして混乱する。画面に酔うのとは違うけど。

中村　縮小、そんなリスクの高い行為だったとは……。

最初の一歩を勘で歩きだす

吉玉　常にそうです。とりあえずは勘で歩いてみて、アプリ上の現在地マークが思いどおりに進んだら「こっちでいいんだな」って安心します。

中村　歩きだす前に周りの建物で判断できませんか？

吉玉　周りにわかりやすい建物があるときは大丈夫です。だけど住宅地とか、目印になるものがない場所は困ります。

中村　それでよく登山できますね！（※吉玉は登山経験者）

吉玉　私はよく整備された登山道しか登らないですから。登山道はあちこちに道標（目的地を指す看板）があるし、迷いそうなところはロープで塞《ふさ》がれていたり、岩に印が描いてあったりするし。登山者が多い道は踏み跡もついていますしね。街はそういうのがないから迷っちゃう。

中村　道標が500mおきにあれば私だって迷わないのに。みんながみんな、吉玉さんの目的地に行くわけじゃないですからね……。

ショッピングモールで同じ店にばかりたどり着く

吉玉　中央が吹き抜けになっている口の字形のショッピングモールなら大丈夫です。でも、複数のビルが渡り廊下でつながっているようなショッピングモールは迷宮かと思いますね。行きたい店が複数のビルに入っているとき、迷子によるタイムロスが生じるのが嫌。

中村　たしかに覚えにくさはありますよね。知り合いにも、屋外なら迷わないのにショッピングモールでは迷子になるって言う人がいます。

吉玉　屋内は太陽が見えないから方角を判断しにくいのかもしれませんね。

中村　そんなに太陽当てにします？

太陽を当てにする

吉玉　太陽、当てにしますよ。たとえばアプリに「南に進みます」って言われたとき、昼間なら太陽に向かって歩きますね。太陽って、朝なら東、夕方なら西にあるじゃないですか。太陽で方角がわかるんです。

中村　季節によって方角ちょっと変わっちゃいますよ。

吉玉　そうなんですよ、そこが難点。山なら方位磁針を見ますが、街だと方位磁針を持ち歩いてないから太陽しか目印がない。

中村 太古の人みたいですね……。現代は方位磁針のアプリもあるのでぜひ！

個室居酒屋でトイレから戻ってこられない

吉玉 すごくわかります。間違えて知らない人たちの個室に入っちゃうのが怖い。完全な個室じゃなくて、パーテーションやすだれで仕切られているくらいがいいです。すだれの隙間から同行者が見えたら安心して戻れるから。

中村 トイレに行くとき、来た道を覚えておけませんか？

吉玉 曲がり角を曲がっているうちに道がわからなくなるんです。

中村 居酒屋ってそんなにたくさん曲がり角ありましたっけ？

東西南北ではなく前後左右で言ってほしい

吉玉 実は私、脳内では東西南北がスッと出てくるんです。

中村 と言うと？

吉玉 たとえば埼玉県の位置を「東京の上」って言う人いるじゃないですか。私はあの言い方が気になって。ちゃんと「東京の北」って言います。

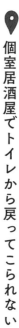

中村 なるほど。

吉玉 すべての都道府県の位置を把握していますし、地理の成績も悪くありませんでした。地図なら東西南北がわかるのに、現実世界になるとたんにわからなくなるんです。

中村 マップからストリートビューへの変換ができないんですね。

吉玉 まさにそれです。現実世界では前後左右で言ってほしい。

中村 異世界を生きる人みたいな台詞《せりふ》……。

マップアプリに向かって怒る

吉玉 声には出さないけど、心の中でアプリに意見することはありますね。

中村 どんなふうに？

吉玉 「東西南北じゃなくて左右で言ってもらえませんかね？」とか。

中村 左右だと、そのときの吉玉さんの向きで変わってきちゃいますよ。

吉玉 それならせめて「駅を背に右」とか言ってほしいです。建物は動かないから。

中村 まぁ、そういう機能が発達するといいかも。

駐車場に停めた自分の車を探し出せない

吉玉　運転しないけどわかります。母もよく駐車場で迷っています。

中村　遺伝なんですかね？

吉玉　ディズニーランドの駐車場とか、まるで樹海ですよね。今まで同行者のおかげでたどり着けていたけど、私だけなら絶対に何時間も彷徨《さまよ》うと思います。想像しただけで怖ろしい。

中村　そこまでですか？

ゲーム内でも道に迷う

吉玉　懐かしい！　子供の頃、よくマリオカートで迷っていました。スピンしたあと方向がわからなくなって逆走しちゃうんですよね。逆走するとジュゲムが×印を出して教えてくれるんです。

中村　そういうものなんですね。

吉玉　いや、逆走してるの私だけでしたよ。よく友達から笑われました。迷うからいつもビリだし。

中村　つらい……。

吉玉　私はＲＰＧをプレイしたことないんですが、方向音痴のフォロワーさんが「ＲＰＧでも道に迷う」と言ってました。

中村　ゲームの世界でも方向音痴なんですね。３Ｄのゲームだとますます大変そう。

方向音痴あるある、あなたは共感できただろうか

ちなみにWeb連載時はツイッターに共感の声が多く寄せられ、「私だけじゃないんだ」と心強さを感じた。まぁ、心強くなったところで道には迷うんだけどね。

池袋で散歩チャレンジ！

マップアプリのナビ機能を使って目的地を目指してみる

専門家にアドバイスを乞う前に、まずは街を歩いてみる。方向音痴の問題点を洗い出すためだ。迷うときの行動パターンを知ることで、克服のヒントを得られるかもしれない。

舞台は迷いやすいと評判の池袋。

ＪＲ池袋駅から中村嬢が選んだお店まで、マップアプリを頼りにたどり着けるか検証する。アプリのナビ機能は使ってもいいが、人に道を尋ねるのはＮＧというルールにした。

ちなみに、池袋駅は電車の乗り換えに使う程度で、その周辺も土地勘があるとはいえない。一切記憶に頼らず挑戦することになる。

はたして私は目的地にたどり着けるのだろうか？

出口を見つけられず駅から出られない！

JR池袋駅の改札を出たところで、中村嬢に今日の目的地を知らされる。彼女が目的地に設定したのはカフェ『lamp《ランプ》』。サイトによると池袋駅から徒歩10分らしい。

「あとは吉玉さんが自力で歩いてください。私は何も言わずについていきますので！」と早々に自立を促されてしまった。そういう企画なのだが、「自力で」と言われると心細い。

まずはグーグルマップで『lamp』を検索し、目的地に設定する。どうやら西口公園のほうに出ると近いようだ。❶というわけで西口を探す。

初めて知ったが、池袋駅には西口（南）や西口（中央）、西口（北）など、西口がたくさんある。もっとわかりやすい名前はつけられなかったの？　まぁ、西口と書いてある出口から地上に出ればなんとかなるだろう。

そう思い地上への出口を探すも見つけられない。気づけば目の前にはさっきも見た風景が広がっている。案内表示に従って『東武百貨店』を突っ切ったらなぜかまた『東武百貨店』に出たりと、同じところをぐるぐる彷徨っているのだ。ま

1

るでリングワンダリング（雪山で無意識のうちに円を描くように歩いてしまう現象）じゃないか。現代の怪談だ。

出口を知っているはずの中村嬢は何も教えてくれずニヤニヤ顔。駅から出られないまま終わったらどうしよう。いくらなんでも記事にならない。

不安になりながらも歩き続けていると、何度も見た風景の先に、❷エスカレーターと出口の表示を発見した。やった、駅から出られる！

なぜ今まで出口に気づかなかったかと言えば、私は通路の左端を歩いていたため、出口がちょうど柱の死角になっていたのだ。少し右側に寄ってみればすぐ見つけられただろうに。もしかしたら私は人より視野が狭いか、注意力が散漫なのかもしれない。

ともあれ、❸ようやく地上に出られた。池袋駅に着いてからすでに12分が経過している。

カフェの場所を「駅から徒歩10分」と書いた人は、駅を出るのに12分かかる人間を想定しただろうか。たぶん私は、10分では到着できないだろう。

3

2

十字路で道を間違える

グーグルマップで経路を検索し、ナビを開始。すると、現在地から目的地まで徒歩13分と表示された。さっき見たサイトには徒歩10分と記載されていたのに。この出口が最寄りではなかったのか。

ナビに従って歩く。すると途中でグーグルマップに違和感を覚えた。

なんかおかしい。なんだろう……？

よくよく見ると、実際は横断歩道を渡ったのに、アプリ上の現在地を示すマークがまだ横断歩道の向こう側にある。私、間違えた？

中村嬢が「GPSの反応が追いついてないんですかね」と言った。私の歩く速度はいたって平均的だと思うが、GPSが追いつかないこともあるのだろうか。

そういえば過去にも、グーグルマップと現実の風景が一致しなくて動揺することはあった。いつも「自分が道を間違えたんだ」と思い込んでいたが、そうか、グーグルマップが間違えている可能性もあるのか。自分に自信がなさすぎて疑ったこともなかった。

しばらく歩いていると、グーグルマップはホテルのロビーを突っ切るルートを表示してきた。いいの？

指示どおりホテルに入り、廊下を通って、入り口の反対側にある駐車場へ抜ける。ホテル内はグーグルマップの道順が表示されないので少し不安だった。客でもないのにホテル内で迷ったら気まずい。

ところで、グーグルマップの音声ガイドが急に喋《しゃべ》るとビックリする。油断していたところ、ふいに「右方向です」と言われ、思わず「うわっ！」と声を上げてしまった。恥ずかしい。

❹大きな道路を渡り、小さな通りに入る。しばらく歩くと❺薬局のある十字路に出くわした。直角ではなく、微妙に斜めに交わっている。

十字路の真ん中で立ち止まると、どの道を選べばいいのかわからなくなった。ナビはずっと見ているのだが、それでもわからない。おそらくこっちだろうと思うほうへ歩きだすと、突然グーグルマップが「左方向です」と言った。

えっ!?

左は普通のマンションだ。どう見ても通り抜けられそうにない。周囲をキョロキョロ見まわして、ようやく何が起こったか理解した。

私はさっきの十字路で右折した。ナビにそう指示された気がしたからだが、正

しくは直進だったのだ。私が道を間違えたため、ナビが現在地からの経路を再検索し、「左方向です」と言ったのだろう。そういうときは「道が違います。引き返してください」と言ってほしいな。

十字路まで引き返し、今度は直進する。合っていたみたいでほっとした。

いや、絶対ここじゃないだろ

グーグルマップによれば、このあとは「すいどーばた美術学院」の手前で右折すればすぐに目的地だ。

しかし、またもや問題発生。美術学院の手前を右折したところ、ナビの画面と一致しないのだ。

「あれ？　ここじゃないんですかね？」

いったん美術学院まで戻る。ナビを見ると、自動的に経路が再検索された。ふたたびナビに従って歩くと、今度は❻美術学院の裏手に出る。

その瞬間、「絶対ここじゃない」とわかった。

そこは踏切だった。周囲にカフェっぽい建物はない。線路と遮断機が夏の日射

しを受けて輝いている。

戸惑っていると、ナビが「目的地に到着しました。お疲れ様でした」と言った。

いやいやいや、お疲れ様でしたじゃないよ。中村嬢と顔を見合わせ笑ってしまった。

ナビが終了してしまった地図画面を見ると、やっぱり美術学院の手前を右折で合っていたようだ。さっきはなぜ引き返してしまったのだろう?

その通りに行ってみると、目的地のカフェが見つかった。池袋駅を出てから、すでに40分が経過していた。

道を間違えた原因を考えてみよう

中村　目的地に到着したところで、本日の反省会をしてみましょう。

吉玉　意外とすんなりたどり着けましたよね。

中村　2回も引き返したし、予定よりずっと時間かかってますよ?

吉玉　そうなんですよ、方向音痴は時間がかかるんです。あらかじめ道に迷うことを想定し、グーグルマップで10分と表示された場所には30分を見積もります。大事な仕事のときは50分。

中村　時間コスト大変ですね……。ではまず、薬局のある十字路で迷った理由を考えてみましょう。ああいう曲がった十字路って間違えやすいですよね。

吉玉　そうなんですよ。すべての道がまっすぐであってほしい。

中村　道なりに行くはずが、⑦カーブに惑わされて右折してしまったんですよね。

吉玉　ナビがそう示していた気がしたんですけどね。あれ、ナビ機能じゃなくて地図を俯瞰《ふかん》で見ていたら間違えなかったかも。ナビ機能、「画面上の道」と「現実の道」をうまく照合できないんですよね。

中村　次は、「すいどーばた美術学院」の角で迷った理由。吉玉さん、最初は合っていたんですよ。

吉玉　そうなんですよね。でも、あのときはなぜかグーグルマップと現在地が違って、「間違えたのかな?」と思って引き返しちゃったんです。

中村　横で見ていましたが、グーグルマップ上の現在地マークがちょっと遅れていたんですよね。吉玉さんは美術学院の角を曲がったのに、画面上の印は角を曲がる手前にあったんです。

吉玉　だから混乱したんだ!　そういえば、駅を出てすぐにもそんなことがありましたね。

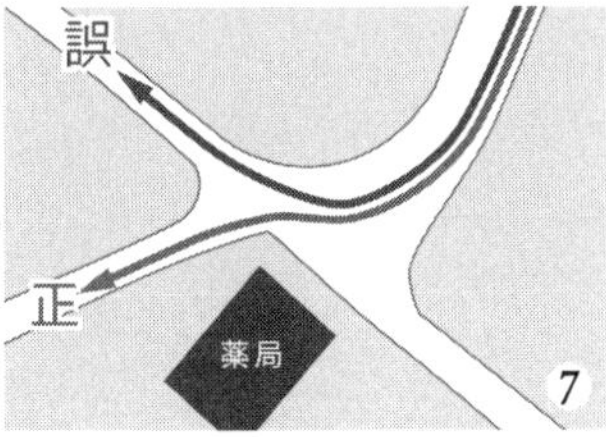

中村　調べてみたら、ＧＰＳ機能って多少の誤差は避けられないみたいです。では、駅で迷った理由は……。

吉玉　あれは、単純に出口を見落としていましたね。視野が狭いというか、注意力の問題。

中村　方向音痴と関係あるんですかね？　気になります。

今回池袋を歩いてみて、私の問題点が浮き彫りになった。

- **直角に交差していない十字路で迷う**
- **地図と現実の風景を照合できない**
- **グーグルマップで現在地マークに誤差があるとパニックになる**
- **注意力が散漫＆視野が狭い**

問題点はわかったが、これらに解決策はあるのだろうか？　方向音痴の克服はまだまだ先になりそうだ。

――池袋　散歩チャレンジの道のり――

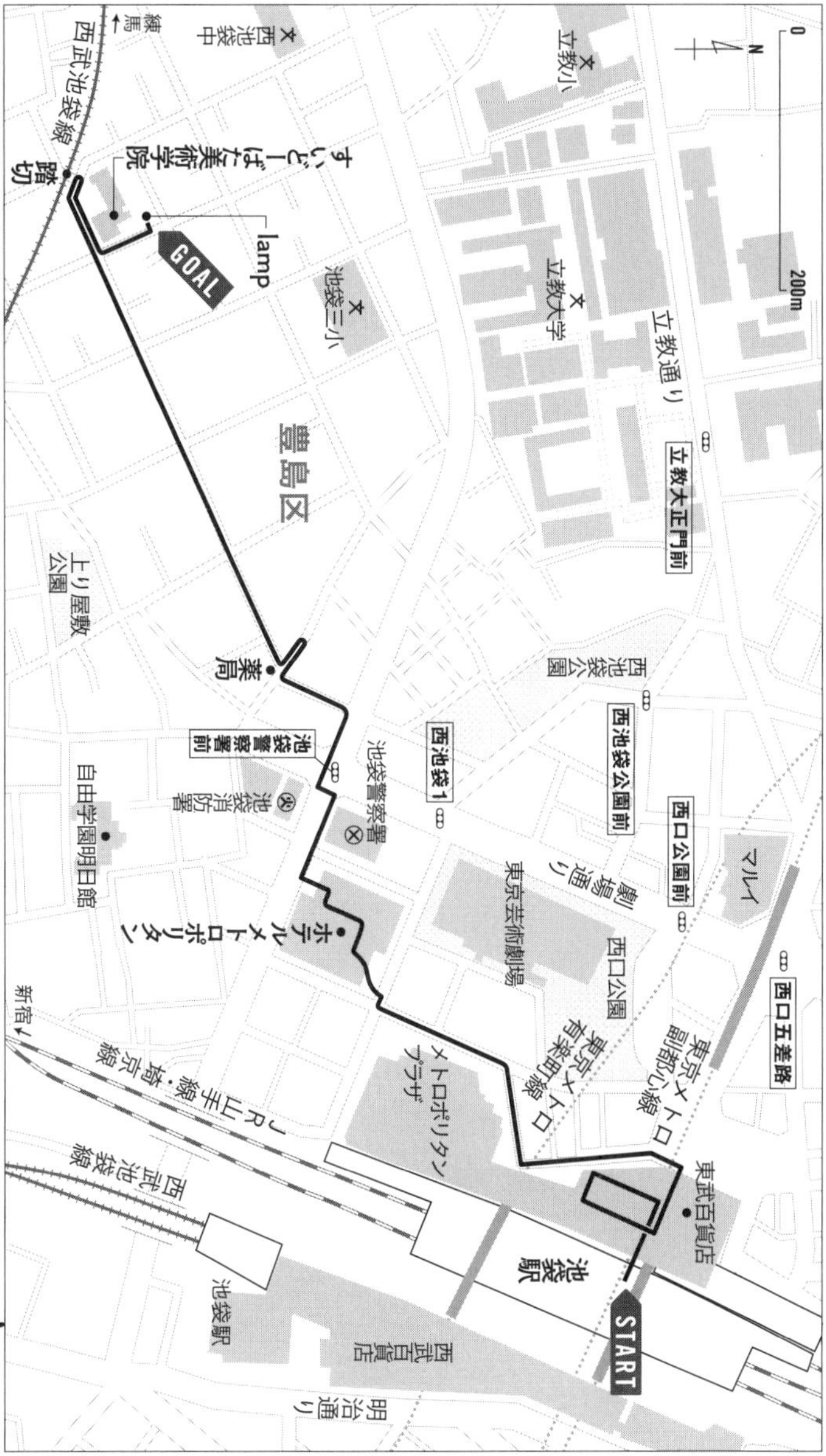

曳舟で散歩チャレンジ！

紙の地図だけを頼りに知らない街を歩いてみる

マップアプリのナビ機能を使って池袋を歩いたら散々だった私だが、逆にアプリに頼らず歩いてみるとどうだろう？

というわけで、次は紙の地図だけで目的地にたどり着けるのかを検証してみる。前回に引き続き、人に道を聞くのはNG。さらに、マップアプリやインターネットの使用もNGというルールだ。

舞台は東京スカイツリーのお膝元、下町は曳舟。

地名を聞いただけでは東京のどのあたりかもわからないほど今まで縁のなかったエリアで、一切記憶に頼ることができないのは前回と同じだ。

はたして紙の地図を頼りに歩くのは、アプリを使うよりも難しいのだろうか？

駅に掲示されている地図はトラップ

やってきたのは東武線の曳舟駅。改札を出たところで中村嬢と落ち合う。中村嬢が選んだ目的地は『こぐま』という喫茶店。さっそくグーグルマップをプリントアウトした地図を渡された。

紙とはいえグーグルマップじゃん……と思ったら、あることに気づく。もらった地図は縮尺の関係か、極端に文字情報が少ないのだ。曳舟駅から『こぐま』まで、目印はたったの3つ。東向島二丁目（交差点）、『しゃぶ葉《よう》 東向島店』、鳩の街通り商店街、これだけ。目印を見落とさないか不安が募る。

さて、まずは駅を出なければ。しかし地図には出口の名称が書かれていない。それどころか、出口がいくつあるのかもよくわからない。

東京の駅は出口が複数あり、それぞれに「西口」や「1番出口」などの名称がある。大きな駅ともなればとんでもない数の出口があり、違う出口から出ると遠回りになるばかりか、私の場合は目的地にたどり着く確率が大幅に下がる。方向音痴にとっては出口選びこそが明暗を分けると言っても過言ではない。

改札付近の壁に掲示された大きな地図を見る。曳舟駅には出口が2つあるようだ。どっちから出たらいいのだろう。

1駅に掲示された地図には『こぐま』がないので、手元の地図と照らし合わせる。

「これがここだから……あれ?」

パニックになった。手元の地図と駅の地図が一致しないのだ!

両方の地図を見比べ、手元の地図をくるくる回す。どうしても合わない。これ、本当に同じ地図? こころなしか中村嬢も心配そうだ。見られるとますます頭が混乱する。数分かかってようやく、両方の地図を照合できた。

しかしよく考えたら、掲示された地図にも出口の名称は書かれていなかった。

結局、どちらの出口かわからないままだ。

ええい!

とりあえず勘で出口を選んだ。先が思いやられる。

勘しか頼るものがない

選んだ出口に行ってみると、2出口付近の壁にも地図が掲示されていた。さっき見た地図と微妙に違う気がする。なぜだろう?

ともあれ目的地のカフェ『こぐま』へ行くにはまず「東向島二丁目（交差点）」に出たい。しかし、目の前の道を左右どちらに歩きだせばいいのか。しばらく地図とにらめっこしたが、どうしてもわからない。ええい、とまたもや勘で右を選んだ。勘しか頼るものがない。

しばらくそのまま進む。こっちで正解ならこの先に分岐があるはずだ。見落とさないよう慎重に歩いていたら……まさしく❸分岐があった。目の前には公園があり、地図上の現在地（と思われる場所）にも公園らしき緑色がある。勘は当たっていたのだ！

「この公園、たぶん地図のここですよ！」

方向が合っていたのがうれしくて、思わずはしゃいだ声を上げた。地図と現実の風景を照合できたので、このあと歩くべき道もわかる。

地図どおりに歩くと大きな交差点に出た。標識には「東向島二丁目」の文字。最初のランドマークだ。横断歩道を渡って左へ進むと、次のランドマーク『しゃぶ葉』も。トントン拍子じゃないか！

そのあとは「鳩の街通り商店街」に入り、静かで穏やかな❹商店街を歩く。途中、朝顔の鉢植えや金物屋の店先に並ぶフライパンなど、さまざまなものに気をとら

2

3

れた。こうして気をとられるから迷うんだな。

商店街をまっすぐ進むと、目的地のカフェ[5]『こぐま』に到着した。さんたつ編集部おすすめの古民家カフェらしい。

駅を出るまでにかなり手こずったが、意外にもすんなり着けてしまった。池袋のときとは大違い。なぜだろう？

最大の難関は駅

中村　今回も反省会をしてみましょう。歩いてみて、どこが難しかったですか？

吉玉　駅が難関でしたね。手元の地図と駅に掲示されている地図が一致しなくて困りました。

中村　駅の地図は東が上でしたよね。

吉玉　そうなんですか？　なるほど、手元の地図は北が上で、駅の地図は東が上だったんですね。90度違うから一致しなかったのか……。

中村　駅の地図って、実際の方角に合わせて掲示されてることが多いんですよ。

吉玉　そっか、前にその話をしましたね。すっかり忘れてました。

4

5

中村　そのあと、出口で見た地図は南が上でしたよね。

吉玉　そう言われればそうかも。私は「なんかさっき見たのと違うな〜」としか思わなかったんです。

中村　そのあとも、出口を出るとき最初の一歩にずいぶん悩んでいましたが……。

吉玉　右と左、どっちに行くべきかわからなくて。出口も歩きだしも勘で決めちゃいました。結果的に合っていたからよかったものの、間違えていたら『こぐま』にたどり着けなかったと思います。

振り返って気づいたが、私は勘に頼りすぎだ。野生すぎる。駅の出口にせよ最初の一歩にせよ、勘ではなく地図を見て判断できるようになりたい。

スカイツリーの位置に驚く！

このあとは中村嬢の指定したお団子屋さんを目指すことに。

私にしては慎重に、❻何度も立ち止まっては地図を確認した。いつもはこんなに頻繁に地図を見ないし、もっと漫然と歩いている。

しかし、目印の「榎本武揚《えのもとたけあき》居住跡」が見当たらない。

❻

「あれ、榎本武揚居住跡ってこのへんのはずなんですけど……」

そう言うと、中村嬢に「さっき通り過ぎましたよ」と言われた。慎重に歩いていても見落とすなんて、自分が信用ならない。

そのあとはますます頻繁に地図と現在地を照らし合わせながら歩いた。すると、目的地のお団子屋さん⑦『言問団子』を発見！

なんと、駅を出てからここまでまだ道に迷っていない。どうしちゃったの？私も中村嬢も、想定外の事態に目を丸くする。

ここからは曳舟駅に戻るのではなく、とうきょうスカイツリー駅を目指すことになった。

お団子屋さんを出て信号待ちをしていたときだ。

「うわっ！」

私は思わず大声を上げた。正面にでかでかと⑧スカイツリーが見えたのだ。

なぜ驚いたかと言うと、私はスカイツリーが自分から見て左側にあるとばかり思っていた。それがなぜ正面に……？

地図をくるくる回して現在地に照らし合わせると、たしかにスカイツリーは正面で合っている。当たり前だ。私よりスカイツリーのほうが正しい。なぜか、私

⑦

⑧

の脳内の景色が90度ズレていた。

ともあれ、スカイツリーが見えればもう地図は必要ない。優秀なランドマークに向かって歩けばいいだけだ。

このあとは難なく⑨とうきょうスカイツリー駅に到着した。

なぜ紙の地図だと迷わなかったのか？

アプリを使用した散歩チャレンジでは2度も迷ったが、紙の地図では迷わなかった。その理由はなんだろう？　素人考えだが、私なりに考察してみた。

①出口と最初の一歩が合っていたから

いちかばちかで選んだ出口がたまたま合っていたからこそ、最初のランドマークの交差点を見つけることができた。もし反対側の出口を選んでいたら、おそらく交差点にたどり着けなかっただろう。出口を出て左右どちらに進むかも同様。

②慎重に地図を確認して歩いたから

いつもは考えごとをしながらボーっと歩くが、今日は周りの建物や道を注意深

⑨

く見て歩いた。また、頻繁に立ち止まって地図と風景を照らし合わせた。そのひと手間が功を奏したのではないか。

しょっちゅう立ち止まるから時間がかかるし、集中力を使うからとても気疲れする。方向音痴じゃない人って、いつもこんなに気を張ってるの？

③マップアプリと違い、紙の地図は勝手に動かないから

実はこれが一番大きいと思う。アプリのナビ機能は画面が勝手に動くため、余計に混乱してしまう。迷って引き返したときはなおさらだ。

一方、紙の地図は動かない。だからこそ手動でくるくる回すのだが、自分のペースで動かせるから混乱しにくい。パニックになりがちな私には、動かない地図が向いているのかもしれない。

これらの結果を踏まえて、方向音痴の専門家にお話を伺おうと思う。はたして解決策はあるのだろうか？　呆《あき》れられたらどうしよう……。

―― 曳舟　散歩チャレンジの道のり ――

動くドラッグストア

5年前、この街に引っ越してきた。

この街で私が最初に覚えた場所は近所のドラッグストア。バス通りにあるお店だ。駅へ行くにも商業施設へ行くにも、まずはバス通りに出る。私はバス通りを中心にさまざまな行き先への道順を覚えていった。

住み慣れてくればバス通り以外にも足を延ばすようになる。我が家の近くにはもう一本大きな通りがあり、私はそれを「しまむら通り」と呼んだ。理由はそのままで、通り沿いに『ファッションセンターしまむら』があるからだ。

東西南北がわからないので前後左右で言うが、我が家から見て、ドラッグストアは左斜め前（近く）、しまむらは右斜め前（遠く）。私はずっとそう思っていた。

しかし、ある日のこと。夫と散歩中、しまむらの脇の小道を行くと、例のドラッグストアに出た。

えっ、なぜここにドラッグストアが!?

私のイメージだと、ドラッグストアはうちの近くで、しまむらは遠く。しかも、しまむら脇の小道はうちと反対方向に延びている。小道の先にドラッグストアがあるわけない。空間が歪《ゆが》んでいる。

……いや、わかってはいる。歪んでいるのは私の脳内地図のほうだろう。グーグルマップを見たら、小道はちゃんとドラッグストアの方向に延びていた。それどころか、ドラッグストアとしまむらは我が家からほぼ等距離にあった。私の「ドラッグストアは近い、しまむらは遠い」という認識がそもそも間違いだったのだ。

もしかしたら私は、距離や大きさを認識する能力がバグっているのかもしれない。

そういえば小学1年生のとき、ものすごく大きな犬を見た。友達に「すごいでっかい犬がいるんだよ!」と誘われてついて行ったら、とある民家の庭にまるで動物園のように大きな檻《おり》があり、巨大な白い犬がいた。『もののけ姫』の山犬くらいの大きさだった。

夫にそれを話すと、「そんなに大きいわけない」と言われた。私もそう思う。子供だったから、実際の大きさよりもずっと大きく認識したのだろう。

しかし、はたしてそれは「子供だったから」なのか? 私は大人になった今でも、ドラッグストアとしまむらの距離を間違えて認識していた。これはもしや、脳の機能の問題では……?

しまむら脇の小道は何度も通ったので、この先にドラッグストアがあることは知っている。だけど今も通るたび、「なんでここにあるんだろう?」と思う。

第二歩　脳を知る

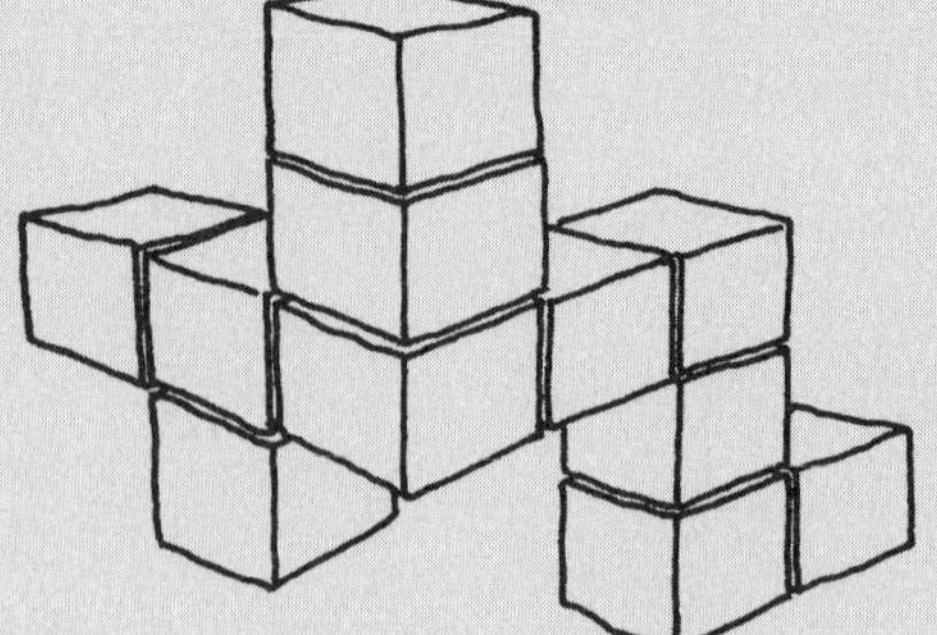

教えて、先生！

認知科学者に聞く

方向音痴のしくみと解決策

方向音痴克服のヒントをもらうべく、まず向かったのは成城大学。認知科学がご専門の新垣紀子教授にお話を伺う。

新垣教授は方向音痴の研究をされていたこともあるその道の専門家だ。

脳と方向音痴は関係あるのだろうか？

そもそも迷子になる原因は何？

そして、迷わないための対策方法はあるのか？

もし方向音痴が生まれつきのものなら、私はもう手の施しようがないのでは……。

そんな不安を胸に、素朴な疑問を投げかけてみる。はたして私の方向音痴は専門家にどう映るのか？

新垣紀子

しんがき・のりこ　成城大学社会イノベーション学部 心理社会学科 教授。認知科学、認知心理学が専門。共著に『方向オンチの科学　迷いやすい人・迷いにくい人はどこが違う？』（講談社）がある。

なぜ「自分は方向音痴だ」と思うのか？

吉玉　本日は方向音痴を克服する方法を教わりにきました。突然ですが、私はすごく方向音痴なんです。

新垣　吉玉さんはなぜご自身を方向音痴だと思うのですか？

吉玉　とにかく道に迷うんです。初めての場所は地図を見てもどっちに進めばいいかわかりません。

新垣　地図を読むのが難しいと？

吉玉　そうです。何度か右左折するともう、どっちから来たのかわからなくなります。

新垣　この建物の入り口がどちらにあったかわかりますか？

吉玉　えーと……。わかりません。

新垣　まぁ、これはわからない人も多いですね。来たときの記憶から方向のイメージを摑《つか》みやすい方と、そうじゃない方がいますから。得意な方は、動きながら常に位置関係のイメージを頭の中に描いているんです。

吉玉　それは無意識にですか？　それとも常に「こっちが入り口で……」とか考えてるのでしょうか？

新垣　おそらく、多くの方は無意識だと思います。

吉玉　私の無意識、その機能ないです……。

新垣　本を読んで、特定の文章がどの辺に書いてあったかはわかりますか？　左側のページにあったな、とか。

吉玉　あ、それはけっこう覚えてます。

新垣　テトリスは？　できますか？

吉玉　はい、できます。

新垣　なるほど。おそらく平面は大丈夫だけど立体が苦手なんですね。

吉玉　そうかもしれないです。地図を理解できても、いざ自分がその場所に立つと、目の前の景色と地図が結びつかないんです。

新垣　どうやら吉玉さんは、二次元から三次元への視点の切り替えが不得意のようですね。これはいろいろ実験してみたいですね……。

吉玉　実験!?　ちなみに私は右左折するたびに目的地が動くように感じるんですが、それって脳の問題なのでしょうか？

新垣　目的地が動く？

吉玉　たとえば私から見て右斜め前に目的地があったとして、その手前で右折したら、目的地は左斜め前になりますよね。だから目的地が動いたように感じて混乱するんです（P.7）。

新垣　はぁ～、なるほど……！　本当に、とっても苦手なんですね（笑）。自分ではなく、地面が動くように感じるんですか？　天動説と地動説みたいな。

吉玉　もちろん、目的地じゃなく私が動いたのは理解していますが、どうしても脳の処理が追い付かないというか……。

新垣　なるほど。実は、小さな子供は自分を中心に捉えていて、自分から見ての前後左右で表現するんですね。だから子供に位置関係を聞くと、「まっすぐ行って右にコンビニがあって……」と言語的に理解したものをそのまま表現することが多いです。

吉玉　私だ！

新垣　多くの場合は成長するにつれて「家がここなら、駅はここで、学校はここ」というふうに、上から見た配置を図のイメージで理解できるようになるんですよ。

吉玉　成長してもそうなれませんでした……。とにかく映像記憶が弱くて、「ドラッグストアの角を右」とか、ぜんぶ言語化して覚えているんです。だから同じ道順でしか歩けないし、目印のお店が変わったらお手上げです。

新垣　長く住んでいる街でもそうですか？　初めは覚えられなくても、その街で暮らしているうちにそれぞれの建物の配置がわかってきて、俯瞰で見た図をイメージできるようになると思いますが……。

吉玉　今の家に住んで5年ですけど、日常的に行動する範囲ですらその図を描けないです。

新垣　じゃあ、自分の家の中はわかりますか？

吉玉　家の中？

新垣　ご自宅の間取図です。描けますか？

吉玉　やってみます！（その場で間取図を描く）

新垣　間取図は大丈夫そうですね。街も同じですよ。上から見た家を描くように、上から見た街を描く。家の周りから少しずつ範囲を広げていくイメージです。

メンタルローテーションテストとは

吉玉　どうしたら、上から見た街をイメージできるようになりますか？

新垣　そうですねぇ……。吉玉さん、私から見て右はどっちかわかります？

吉玉　はい、私から見て左なので。（※新垣先生は私の正面に座っていた）

新垣　それはすぐわかるんですね。

吉玉　あ、でも知識として「正面にいる人の左右は自分の反対」と知ってるからかも……。

新垣　視点を私側に持ってきたらどう見えるか、イメージできますか？

吉玉　なんとなく……。

新垣　その延長線上だと思います。今、頭の中で視点を180度回転させて、私から見た右を想像しましたよね？　それと同じ要領で、今度は視点を上に持ってくるイメージです。

吉玉　なるほど……。理屈はわかりますが、どうも俯瞰のイメージが摑めません。この得意不得意は脳の仕組みで決まるんですか？

新垣　一概には言えません。でも、視点を移動させるのが得意な人と苦手な人がいる、というのはありますね。たとえばメンタルローテーションテストも、得意不得意が分かれます。

吉玉　これ、この前ネットで見つけてやってみたんですが全然わかりませんでした。

新垣　これはよく「図形を回転させる」と言いますが、自分の視点を移動させる考え方もできますよね。こういった空間的なイメージの操作が得意かどうかは個人差があります。

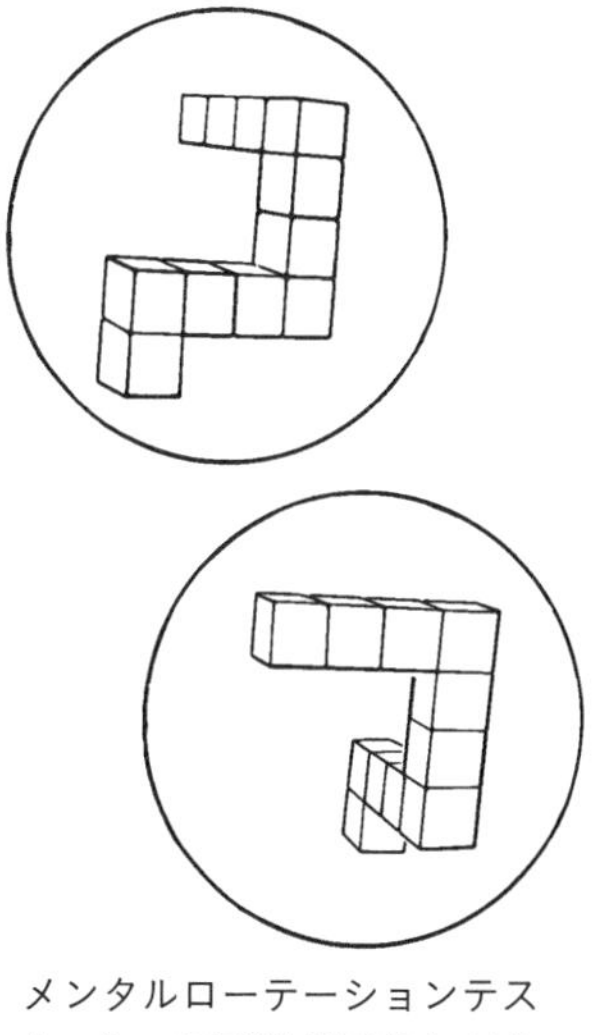

メンタルローテーションテスト。2つの図形が同じかどうかを判断する。

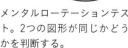

最初の一歩を
どっちに踏み出すか問題

吉玉　私はマップアプリを使ってもなお、最初の一歩の方向がわからないんです。どっちかに歩いてみて、現在地マークの動きでたしかめるんですけど、それ以外で方向を知る方法はないですか？

新垣　地図は目印が2つあれば位置を特定できます。「地図上のここが現実のここ」と照らし合わせることのできる目印を、1つじゃなくて2つ以上、マップの中に見つけてください。すると2つの目印の位置関係から、自分の位置や目的地の方角を知ることができますよね？

吉玉　なるほど！　ほかに最初の一歩を間違えないコツはありますか？

新垣　予習するのがいいと思います。歩きだす前

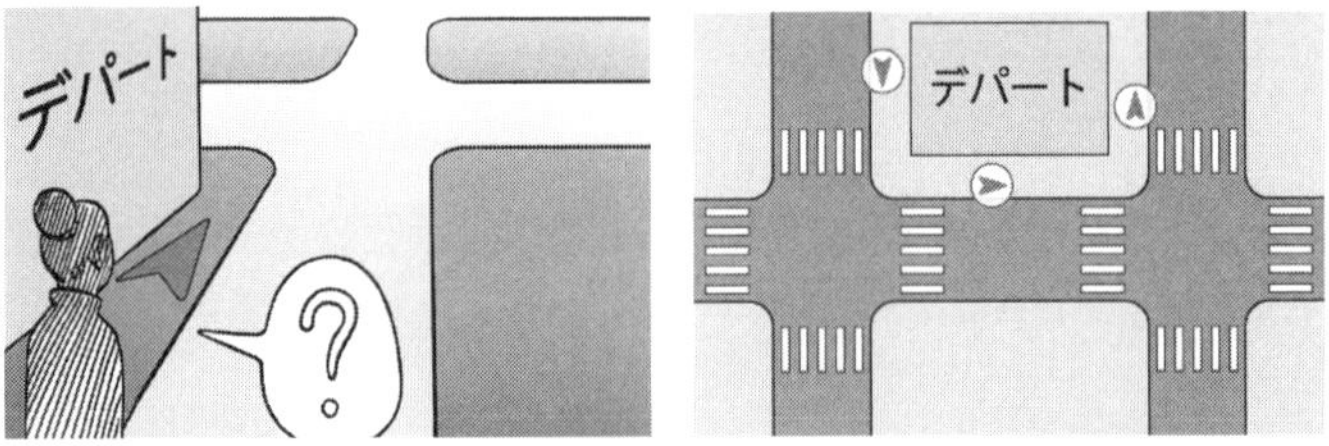

目印が1つだけの場合。左手にデパートがあるが、これだけでは現在地を特定できない。

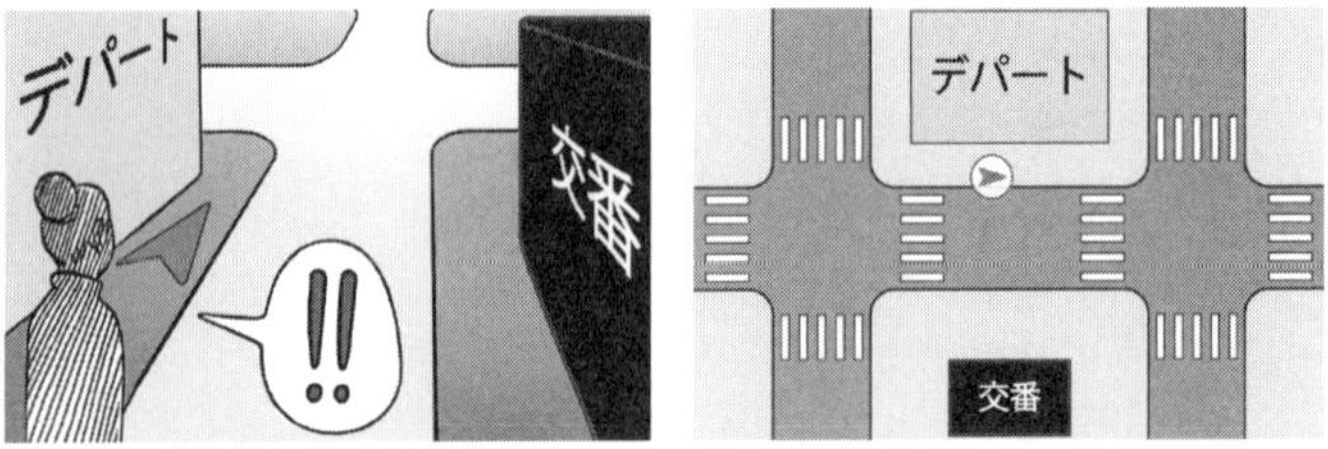

目印が2つの場合。左手にデパート、右手に交番がある場所を地図上で探せば、現在地を特定できる。

に地図を見て、あらかじめスタートからゴールまでの道順をイメージしておくんです。完璧に覚える必要はありません。ざっと「踏切を渡ったら本屋さんがあるのね」などとイメージしておくだけで、目印を見落としにくくなると思います。

吉玉　そういえば池袋を歩いたとき（P.22）、地図の全体を見ることなくナビ機能を開始してしまいました。だから迷ったのかも……。

新垣　ぶっつけ本番だと、ちょっと歩いては地図を見て、またちょっと歩いては地図を見て……となるでしょう。そうすると視野も狭くなるし、目印を見落とすこともありますから。

吉玉　たしかに、曳舟のとき（P.32）は紙の地図だったから、あらかじめゴールまでの道をざっと確認していました。だから目印を見落とさなかったんですね。

新垣　学生さんの中には、就職活動で知らない建物に行くときストリートビューで予習する人がいるみたいです。駅の出口を出たらどっちに進むかとか、建物の入り口まで予習しておくの。

吉玉　えらい！

新垣　土地勘のまったくない場所は、予習して土地勘のようなものをつくることが大事です。道に迷ってタイムロスするより、予習したほうが時間コストはかからないでしょうから。

地図は回してもいい

吉玉　紙の地図を見るとき、進行方向が上になるように地図をくるくる回してしまうんですが、やめたほうがいいですか？　方向感覚がある担当の中村さんは、ずっと北が上の状態で持つそうですが……。

新垣　回してもいいと思いますよ。

吉玉　やった！

新垣　回さないと頭でいったん考えなければいけないので、咄嗟《とっさ》にわからないですよね。

吉玉　そうなんです。北を上にして持つと、南に進みたいとき、後ずさりしなきゃいけなくなるので。

新垣　後ずさり（笑）。まぁ、そうですね。後ずさりね。地図は回すというより土地に合わせて持つイメージがいいと思います。

吉玉　土地に合わせて持つ？

新垣　進行方向を「上」ではなく「前」にして地面と平行に持てば、現実の風景と一致しませんか？　地面に地図が書いてあるようなイメージ。

吉玉　あ、たしかに……！

新垣　最近は駅の床に矢印が書いてあったりしますよね。百貨店とかでも、壁ではなく床に地図が書いてあったり。

吉玉　見たことはないですけど、壁より床のほうがわかりやすい気がします。

新垣　そんな感じで、地図を見ながら歩くときも、地図の上に自分が立つイメージを持てればいいんですけどね。

吉玉　地図の上に立つ……。考えたこともありませんでした。ところで、方向音痴じゃない人って常に「こっちが北」とか意識してるんですか？

新垣　そういう人もいるみたいです。太陽の位置で方角を把握している人は、南半球に行くと感覚が狂うそうですよ。でも、多くの人はそこまで明確に「こっちが北」とか考えてないと思います。「○○がこっちにあるということは、あっちが北だな」というように、相対的に位置関係を把握しているんじゃないでしょうか。

吉玉　なるほど。私はどうしても位置を東西南北ではなく前後左右でとらえてしまうんです。東西南北がパッと出てこなくて。たとえば、「自分が北を向いているとき右が東」というのは覚えてるんですけど、じゃあ「西を向いてるとき左は？」と聞かれても、咄嗟にわからない。東西南北がすぐわかるようになる方法はあるんでしょうか。

新垣　家の中ではわかりますか？　南がどっちかとか。

吉玉　わかります。大きな窓のあるほう。

新垣　では、東は？

吉玉　……えーっと、机のある壁です。

新垣　そうやって家の壁と方角を合わせて覚えていれば、外にいても「南がこっちだから東はこっち」とすぐ出てくるのでは？

吉玉　なるほど！

新垣　実家とか自宅とか、わかりやすい場所と東西南北を対応させて覚えるといいと思いますよ。

まさかの具体的すぎる解決策！

吉玉　新垣先生は紙の地図よりもマップアプリのほうが使いやすいと思いますか？

新垣　自分の位置が表示されるので使いやすいですよね。拡大や縮小をうまく使えば、全体の道のりのどのくらいまで来たのかわかりますし。たまに拡大ばかりする人もいますが、そうすると目的地が画面上に入らなかったりするので、向きを間違えやすくなると思います。

吉玉　私だ！　アプリは拡大しないと建物の名前

が表示されなかったりするので、「こっちでいいのかな？」って不安なときはつい拡大してしまいます。

新垣　全体像と目印、両方をうまく切り替えられるといいですね。

吉玉　紙の地図は来た道がすべて見えるけど、アプリは来た道が見切れてしまうからわかりづらくないですか？

新垣　タブレットにして画面を大きくすれば、スタートからゴールまで画面に入りきるのでは？

吉玉　たしかに……！　あと、アプリは勝手に動くから混乱しちゃうんですよね。その点、紙の地図は自分のペースで回せるから理解が追いつくんですけど……。

新垣　回らないアプリがあればいいんですね。そういう設定あるのかな。

吉玉　あ、考えたことなかったです……！

※取材後に調べたところグーグルマップには地図を固定する設定があった。

迷子になるのは自分のせいだけじゃない

吉玉　ひどい方向音痴で自分が情けなかったんですが、新垣先生のお話を聞いて少し改善できそうな気がしてきました。

新垣　よかったです。でも、方向音痴は人間の問題だけではなく環境のせいもあるので、ぜんぶ自分が悪いと思わないほうがいいですよ。

吉玉　環境のせい？

新垣　たとえば新宿駅のデザイン。地下鉄エリアは案内板が黄色だけど、JRのほうに行くと緑です。だから案内板に注目して歩いていると、色

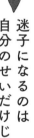

が変わったところで見落とすことも考えられますよね。本当は駅をトータルデザインしたほうがいいのかもしれません。

吉玉　駅が悪い！

新垣　そうそう（笑）。あと、地図のせいってこともあります。昔は、駅や街にある地図は北が上のものが多かったんです。けれど最近は、進行方向が上の地図が増えましたよね。地図を見るたびに「あれ？　さっき見た地図と違う」と混乱することもあると思います。

吉玉　まさに私がそうです。わかりやすくなったようで、私のように混乱する人も増えたんですね。

新垣　それに、昔はもうちょっと地図や路線図を見る機会があったと思います。スイカやパスモがなかった頃は、切符買うのに路線図を見ましたし。だけどスマホができて、みんな地図や路線図を見る機会が減ったのではないでしょうか。

吉玉　たしかに、乗換案内アプリを使うから路線図は見ないですね。

新垣　大学で、東京の地図を描く課題をもう10年くらいやってますが、昔より今のほうが皆さん苦戦しています。新宿や渋谷や池袋を知っていて、行ったことはあっても、配置がわからない人が増えている印象ですね。

吉玉　アプリでピンポイントの地図を見ることはあっても、広域の地図ってあまり見ないですもんね。

新垣　位置関係を把握していないと、震災で電車が止まったとき本当は近くて歩ける場所なのにそれがわからない……などのリスクが考えられます。もう少し日常的に地図に親しむといいかもしれませんね。

神保町で散歩チャレンジ！

「迷わないコツ」を駆使して目的地を目指してみた

自他ともに認める方向音痴の私だが、新垣紀子教授にアドバイスをいただいてからというもの、ある変化が訪れた。プライベートで渋谷に行ったとき、なんと歩き出ししか迷わなかったのだ。

「迷ってるじゃん」と思われるかもしれないが、これまでと比べれば断然マシ。コツさえ摑めば、方向音痴は案外簡単に克服できるのかもしれない。

というわけで、新垣教授のアドバイスを実践しながら街を歩いてみた。しかも今回は歩いた後にその軌跡を地図に描いてみるというおまけチャレンジ付き。

はたして迷わず目的地にたどり着けるのか？

そして、地図を描くことはできるだろうか？

新垣教授のアドバイスをおさらい

ここで新垣教授のアドバイスをおさらいしよう。

- 「地図」と「現実の景色」を照合するとき、目印は2つ以上
- 地図もしくはストリートビューで予習
- 地図は回していい
- 視点を上に移動させ、街を俯瞰で見るイメージ
- 地図の上に立つイメージ
- 東西南北は自宅に対応させて覚える
- アプリの設定やデバイスの大きさを工夫する

夫に話したら「それ、教えられなくても自然とやってた」と言われた。マウンティングか？

我ながらすごい成長ぶり

やってきたのはJR御茶ノ水駅。この駅を選んだのは担当編集の中村嬢だ。

実はこの辺りには自信がある。というのも、通っていた専門学校が御茶ノ水だったのだ。ふふ、御茶ノ水でいいのかな? 難なく行けちゃうかもしれないよ。

中村嬢と合流し、今日の目的地を知らされる。ここから徒歩10分の『みますや』という居酒屋だ。昼間から一杯やれるのかと思いきや、店の前がゴールだそう。しかも御茶ノ水じゃなくて淡路町駅の近くだった。ぜんぜん土地勘ないや。

歩きはじめる前にすることがある。新垣教授に教わった、地図の予習だ。経路検索のあとすぐに歩きだすのではなく、スタートからゴールまで地図をざっと見ておく。道や目印をぜんぶ覚えるのは無理なので、本当にざっと見るだけだが、今まではそれすらしていなかった。やってみて思ったが、これはレシピを最後まで読んでから料理に取り掛かったほうがスムーズにいくのと似ている。分量などは見ながらやるにしても、最初に手順をイメージしておいたほうがいい。

池袋と曳舟を歩いて試した結果、私はアプリのナビ機能を使ったほうが迷いやすいことがわかった。今回はナビを使わず、俯瞰の地図で目的地を目指す。

いざ出発、と思いきや早くも難関が訪れた。最初の一歩をどっちに踏み出すか、さっそくわからないのだ。地図に集中しすぎてリアルの景色をまったく見ていなかった。

地図によると、❶駅前の交差点から「薬局の前の通り」を進むようだ。しかし薬局が角にあるため、「薬局の前の通り」が2本ある。どっちを行けばいいのやら……。

ここで新垣教授のアドバイスを思い出した。「地図と現実の景色を照合するとき、目印は2つ以上」。そっか、薬局だけを目印にしちゃダメなんだ！

地図を拡大してカレー屋さんを見つけ、薬局とカレー屋さんの位置関係から進行方向を判断した。我ながらすごい成長ぶりじゃない？

最初の一歩問題をクリアし、❷ニコライ堂のほうに向かって歩く。地図によると、この先、カフェのある角で曲がる。つまりカフェまでは道なりでいいんだな。

こんなふうに地図の「少し先」を見ながら歩くようになったのは、私にとって大きな変化だ。今までは現在地しか見ていなかった。そうか、みんなこうやって地図を見ていたのか……。少し先の予測ができると気持ちに余裕が生まれる。

角にある建物を目印にするな！

目印のカフェまで来た。

ここで横断歩道を渡るはずだが、現在地に合わせてスマホの地図をくるくる回しているうちに、どっちに渡ればいいのかわからなくなる。目印が角にある場合、面している通りが2本あるから混乱するのだ。

しかし、またもや「目印は2つ以上」の教えを思い出し、周囲のビル名を見て判断した。

今回は地図を描くので、来た道を記憶する必要がある。ときたま立ち止まっては、「あっちから来たな」と方角を確認した。脳の使ったことない部位が活性化する感じ。ただボーっと歩くときよりずっと疲れる。

この路地の突き当たりはダイニングバーのはず……と進むと、あった。しかも看板に「卓球バー」とあるじゃないか。楽しそう！

興味を惹《ひ》かれ❸卓球バーの看板をすみずみまで読んでから再出発。すると何かがおかしい。地図と違う。卓球バーに気をとられたせいか、道を間違えたようだ。卓球バーまで引き返し、正しい道を進んだ。

気づいたが、この卓球バーも角にある。さっきの薬局といいカフェといい、私は角にある建物を目印にしたとき、道を間違えやすいようだ。そりゃあそうだよな、角は2本の通りに面しているんだから。けれど普通はあの角を右などと角を目印

にするものだ。そうじゃないと曲がるタイミングを忘れてしまう。角の目印のほかにもう1つ目印を見つけることを心がけねば。

そのあとは❹広い道路を渡り、そのまままっすぐ。目印にしていた『ドミノ・ピザ』の角（また角だ！）を曲がる。

すると、すぐに目的地の❺『みますや』を見つけた。やったー！

徒歩10分のところ、27分かかってしまった。初めの一歩をどっちに踏み出すかで悩んだのと、途中で2回迷いかけたせい。

しかし、私としては以前よりもわかってきた実感がある。その証拠に、スタート地点の御茶ノ水駅からここまでの道順を空中に描き、「……ということは、あっちが御茶ノ水駅ですね？」と指差したら合っていた。中村嬢も驚いている。これを成長と言わずしてなんと言おう！

急に記憶が呼び起こされハッとする

ここからは地図を見ずに歩く。中村嬢が先導してくれるので迷子になることはないが、地図を見ずに歩いたとき、道を記憶できるのだろうか？

まずは『みますや』から靖国通りに出て、神保町を目指す。

「あっちが御茶ノ水駅ですよね？」

靖国通りでそう指差すと、中村嬢は「うーん、もう少しあっちです」と違う方向を指した。えっ！　スタートからずっと御茶ノ水駅を意識してきたのに……。集中力が途切れたのかもしれない。
❻神保町の有名な路地を通る。この辺は学生時代によく来ていたからわかる。老舗の純喫茶『さぼうる』でコーヒーを飲むことにした。
忘れないうちにメモしようと、「御茶ノ水橋口→聖橋口→ニコライ堂……」と通ってきた目印を文字で書き出していたら、中村嬢に「よく覚えてますね！」と驚かれた。へへへ。記憶力には自信がある。しかし、これらを図に描くとなるとまったく自信がない。

さて、喫茶店を出たあとは御茶ノ水駅を目指す。神保町から御茶ノ水まで、「明大通り」なら地図を見なくても歩ける。そう申告すると、中村嬢は別の道を選んだ。そこは❼イチョウ並木で、歩いたことはあるが位置関係はわからない。冬のイチョウはまだ葉が残っていた。

「夏にここ通っても、街路樹がイチョウだって気づきませんでした」

❻

❼

中村嬢が言う。そういうことってあるよなぁ。私も、街路樹や季節の移ろいを気にかけるようになったのは最近だ。

横断歩道を渡り、細い道をしばらく歩いて左折。右側が高台になっていて、フェンス越しに学校のような建物が見えた。

さらに歩くと急な石段がある。

「これが男坂[8]ですね」

男坂という名前にハッとする。急に記憶が呼び起こされたのだ。

「ここって錦華公園の近くじゃないですか？」

そう言うと、中村嬢は「そうです」と言った。やっぱり！　錦華公園は学生時代によく缶チューハイを飲んだ公園だ。

男坂を上りきると、自分がどこにいるのかわかった。脳内で映像の断片同士がつながった感覚。

「ここ、母校のある通りです！　今つながりました！」

「知ってる場所同士がつながると、街が広がりますよね」

今までそんな感覚になったことがないけれど、初めてわかった。これが土地勘というやつか……！これ、楽しいかも。こんなふうに歩けたら、どの街にも愛着

が湧きそうだ。
❾母校の跡地の前を通る。今は学校ではないが、校門のアーチだけは残っていて懐かしい。そういえば、この場所で彼氏に別れ話をされたことがある。なんで校門前でするんだよ。
母校の周辺を歩いていると、さまざまな思い出がよみがえってくる。

「あそこのロッテリア、放課後に友達とよく行きました」

「この通りでヨークシャテリアを拾って、あの交番に届けたことがあります」

思い出散歩もいいものだ。

ここまで来れば御茶ノ水駅はすぐ。さんたつ編集部のある建物に寄ってから、駅へ戻った。

地図を描いてみた！

無事に散歩を終え、いよいよ地図描きチャレンジ。

まずは❿今回歩いた道のりの前半。地図を見ながら歩いた御茶ノ水駅～『みますや』だ。

❾

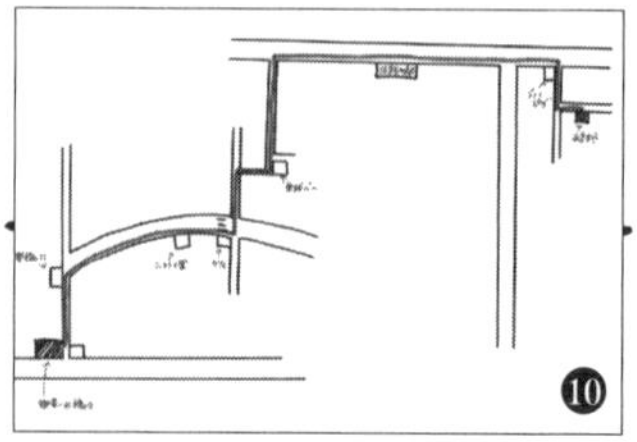
❿

自信はないが一応は描けた。縮尺はめちゃくちゃだが、だいたいの方角は合っているのではないか。ちなみに左が北方向。

続いて⓫今回歩いた道のりの後半。地図を見ずに歩いた『みますや』～『さぼうる』～母校～編集部のある建物～御茶ノ水駅。こちらは上が北方向。

……ダメだ！　描こうとしても、『さぼうる』から先がつながらない。場面場面は覚えているのに、どうしても位置関係がわからないのだ。

その後、中村嬢が正解の地図を見せてくれた（P.67）。

おっ！

前半部分はざっくり及第点じゃないだろうか。後半は……なるほど、こうなっていたのか。地図を見てしまえば、位置関係に納得できる。「えっ、これがここなの？」といった違和感は特にない。

地図描きチャレンジ、自己評価は50点くらいだが……どうだろう？

今回歩いてみて、池袋・曳舟のときよりは方向音痴が改善されつつあると感じた。まだ道を間違えそうになるし時間もかかるけれど、今までよりしっかり地図と向き合えている。新垣教授のアドバイスのおかげだ。

なにより今回の収穫は、男坂で感じた「知ってる場所同士がつながる感覚」。

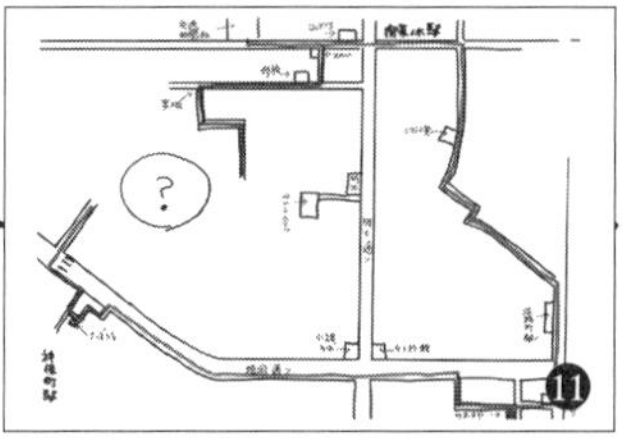

この感覚があるかないかで、街の解像度が変わってくるのだろう。
私の迷走はまだまだ続きそうだ（迷子だけに）。

― 神保町　散歩チャレンジの道のり ―

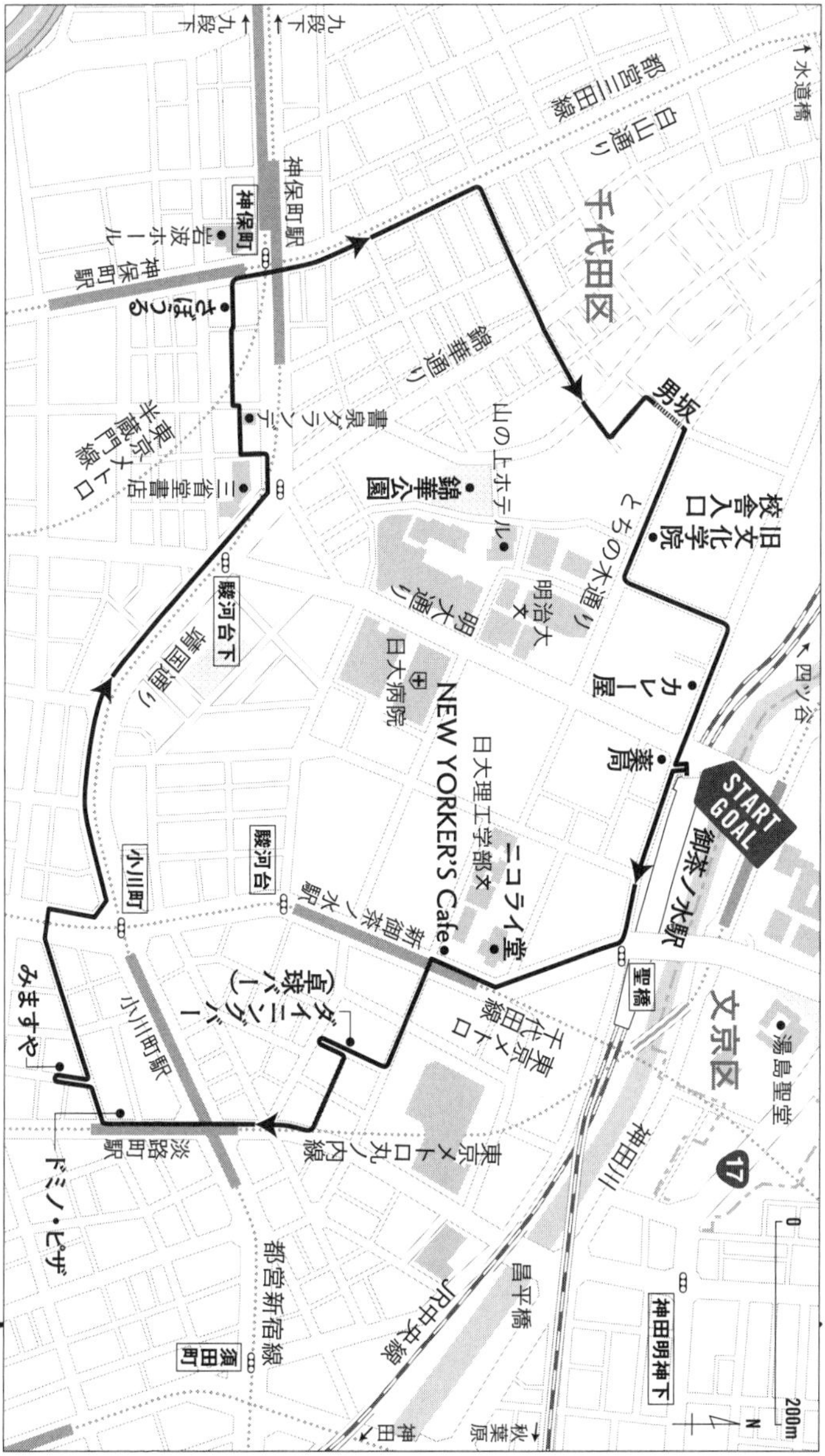

〝ブロック心〟がない

新垣先生のお話に登場したメンタルローテーションテスト、私はネットで画像を拾って挑戦したがまったくわからなかった。立体のブロックを回したらどうなるかイメージできないのだ。先生は「視点を移動させるのが得意な人と苦手な人がいる」とおっしゃったが、私はまさしく後者だろう。

そういえば、昔からブロックで立体を作るのも苦手だ。前から見たところだけなら作れても、横、後ろ、上から見たところがわからない。絵も下手だが、絵のほうが平面のぶんまだマシ。私には絵心ならぬ〝ブロック心〟がないのだ（絵心もないが）。

ブロック心は生まれつきの素養で決まりそうなものだが、実は、私の兄と姉は立体が非常に得意。

兄は、息子のレゴで精密なマイホームの縮小版を作っていた。「実物の○分の1サイズ」と言っていたが、どうして縮尺を完璧に把握できるのか。私は自宅の間取りこそなんとか描けるが、縮尺はいいかげんだ。南側と東側の壁、どっちがどのくらい長いかわからない。

そして姉はキャンドル作家。粘土のように変形自在な蝋《ろう》で立体的な作品をこしらえる。プロだから当たり前かもしれないが、どの角度から見ても花なら花の形だし、動物なら動物の形だ。粘土細工も苦手な私には、なぜそんなことができるのか不思議でしかたない。同じ親から生まれたのに、この違いはなんだろう？

姉の子供たちも立体に強く、ブロックや粘土細工が得意だ。私と違って〝ブロック心〟がある。

ブロックと言えば、姪《めい》が3歳のときレゴ遊びに誘われた。「何か作って～」と言われて困ってしまう。どうしよう、なんにも作れないよ……。レゴブロックを手に取っては、ああでもない、こうでもないと悩む。

試行錯誤の末、緑色のレゴブロックを細長くつないでワニを作った。一応しっぽは細くしたし、頭はブロックを重ねて高さを出してある。ショボいのは承知だが、これが私にできる精いっぱい。

姪は目を輝かせて「これ何？」と言う。

「ワニ」

私が答えると、姪は短い沈黙のあと、「シンプルでいいね！」と言った。

3歳児に気を使わせてしまった……！

情けない叔母とは対照的に、姪は華やかで立体的なお城を作り上げていた。

第三歩

地図を知る

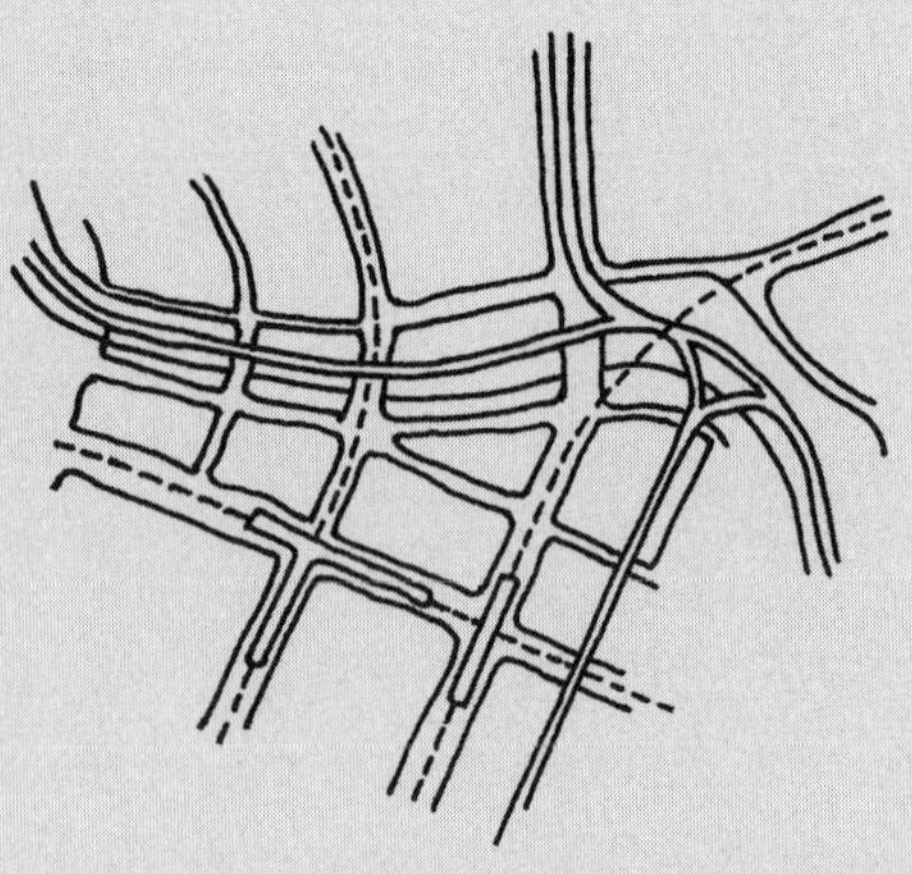

教えて、先生！

空想地図作家に聞く
地図の読み方と街の捉え方

方向音痴と切っても切り離せないのが地図の存在。

そこに興味を持つことができれば、もう少し使いこなせるようになるかもしれない！

そんなわけで、次にお話を伺うのは生粋の地図マニア・今和泉隆行さん。空想地図作家として、『タモリ倶楽部』『アウト×デラックス』など、さまざまなメディアに登場している。

空想地図とはいったいなんだろう？

地図作家なら、息をするように地図を読めるのだろうか。そして、リアルな街をどんなふうに捉えているんだろう……。

地図大好き人間の頭の中をのぞいてみたい！

地図がわからない私にも、共感できる部分はあるのだろうか？

今和泉 隆行

いまいずみ・たかゆき　実在しない都市の地図を描く空想地図作家、通称「地理人」。7歳から架空の都市・中村市の地図を描きつづけている。近著は『どんなに方向オンチでも地図が読めるようになる本』(だいわ文庫)。

「地理人」でも道に迷うことはあるの？

吉玉　今和泉さんの著書『どんなに方向オンチでも地図が読めるようになる本』、読みました。この本に書かれていることはきっと、今和泉さんにとっては当たり前のことだと思うんです。でも私にとっては、新たな発見がいっぱいでした。たとえば「地図を見るときは道の太さや間隔から風景を想像する」とか、今まで考えたこともありませんでした。

今和泉　こういうことは、なんでもないときにあてもなく地図を見てる暇人しか気づかないんですよ。普通は地図を見るとき、目的地の周りしか見ないですから。

吉玉　そうかもしれません（笑）。ほかにも「ゆるいY字路は間違えやすいから立ち止まって地図を確認する」とか。たしかにY字路はグーグルマップのナビを見ていても間違えます。

今和泉　グーグルマップは間違えやすいはずですよ。なぜってあれ、経路を示す青線しか見えないじゃないですか。経路以外は薄い灰色だから、間違えやすい道であることに気づかない。

吉玉　まさにそれです。気づかず、だいたい違うほうに行っちゃいます。

今和泉　それはきっと間違えたときのことだけを記憶しているからですよ。今まで、間違えずに行けたY字路もあったはずです。迷わなかったときは、そこがY字路だったことに気づいてないんじゃないですか。

吉玉　なるほど！　記憶にバイアスがかかってるんですね。今和泉さんでも道に迷うことはありますか？

今和泉　迷いやすいところはあります。たとえば日本橋のあたりは要注意ですね。（手元の地図を指しながら）神田駅の近くでは、中央通りと水天宮通りは平行じゃないですか。だけど日本橋の方へ進むと……あららららら！　道が曲がっていて、気づいたら平行じゃなくなってるわけです。

吉玉　少しずつゆるやかに曲がってる道って、気づかないうちに向きが変わっていますよね。

今和泉　そう。歩いてると「今10度曲がった！」とかわからないですから。

私が描いた地図を見てもらう

吉玉　実は見ていただきたいものがあるんです。私が歩いたところを地図に描き起こしたものなんですが……。（私が描いた神保町の地図（P.65）を見せてみる）

今和泉　あれ、あれれれれれ！　途中がハテナだ！

吉玉　途中から地図を見ずに歩いたらその部分がまったく描けませんでした。どうしたらもっと位置関係を記憶できますか？

今和泉　でも、かなりちゃんと記憶されているほうだと思いますよ。（おもむろに地図を描き始める今和泉さん）

吉玉　すごい上手！　なんでそんなにスラスラ描けるんですか？

今和泉　私はざっくりとしか把握してないですよ。建物の名前とかは近くに行ってから地図を見ればいいので。俯瞰の視点でおおまかに捉えるのがポイントです。

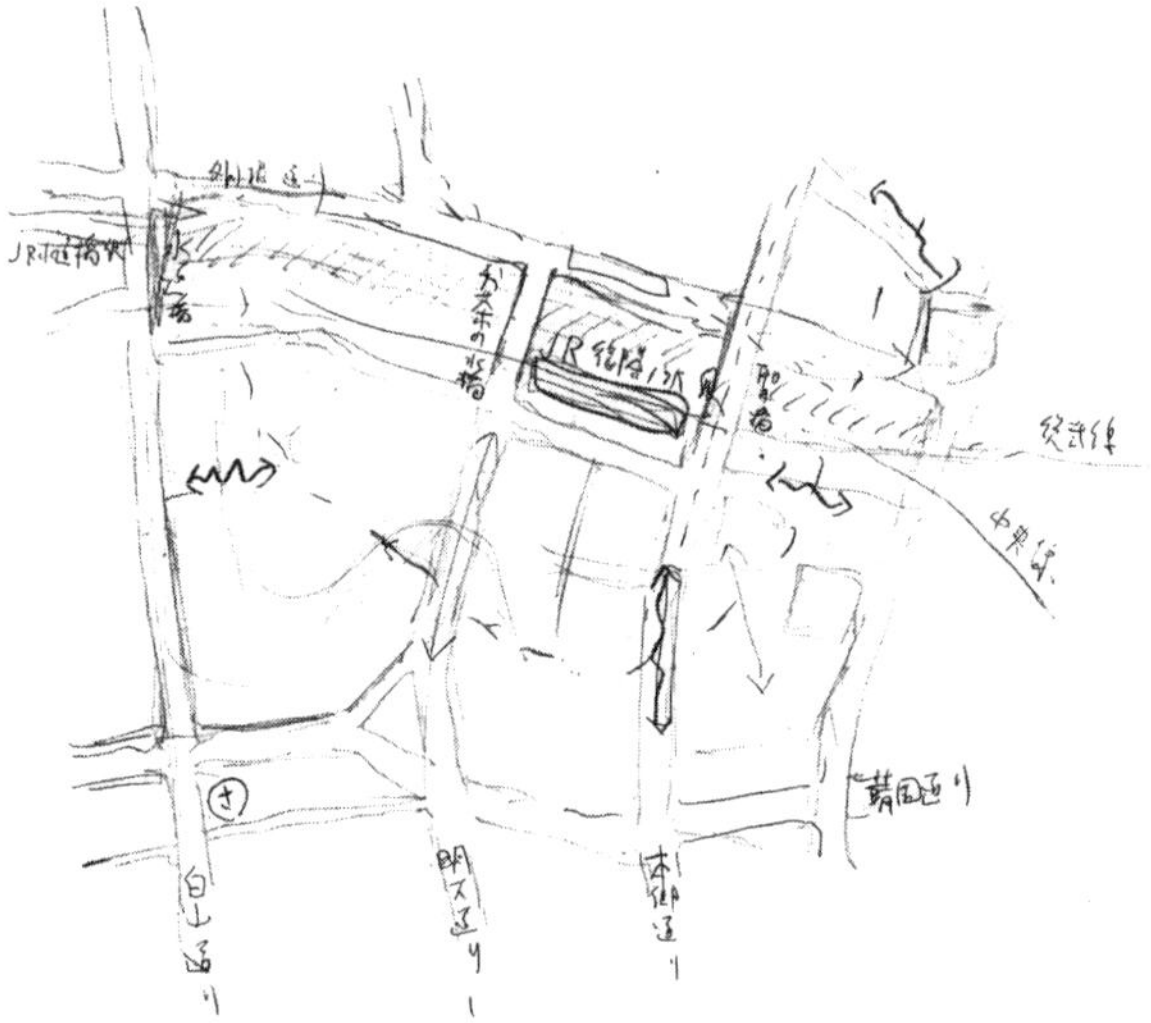

今和泉さんが描いた御茶ノ水〜神保町の地図。

吉玉　目印ばかり気にしていました……。

今和泉　大事なのは、街を点や線ではなく面で捉えることです。御茶ノ水、神保町周辺には何本か大通りがあり、縦横に交わっていますよね。1本の通りを線として、縦横いろんな線が3本以上あると面になるんですよ。

吉玉　面になる……？

今和泉　たとえばこの辺は坂道が多いですが、坂って1本だと「この坂きついな〜」って記憶しか残らないですよね。でも、2本3本と坂を行き来すると、どの坂も御茶ノ水駅からさらに上る経験をしないから、ここが台地の一番上だと気づく。点をつないで線にして、線を集めて面にする。そうして全体像を把握するんです。

吉玉　もっと漫然と歩いていました……。次は、よく行く町田駅周辺の地図も描いてきたので見て

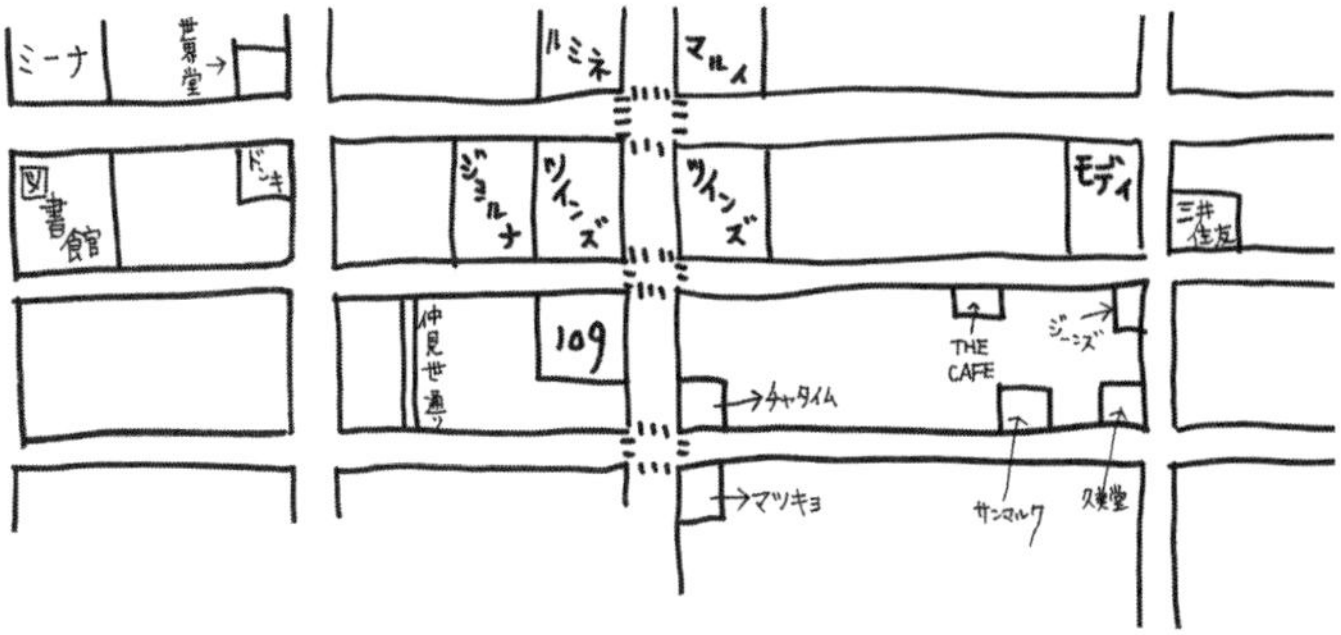

私が描いた町田の地図。夫には「パラレルワールドの町田」と言われた。

いただけますか？

今和泉　わぁ、ぜんぶ縦横になってる！（笑）

吉玉　やっぱり違いますか？

今和泉　ここはね、図書館のほうから小田急の駅に向かって、道がゆるく開いてるんですよ。（またもやサラサラと地図を描く）

吉玉　すごい！　町田在住の私よりずっと完璧に記憶されてます。これは地図で見た記憶ですか？

今和泉　それもありますね。

吉玉　どこかへ行くとき、地図は必ず見ますか？

今和泉　見ます。映像記憶だけだと記憶がなくなるので。地図を見てから行くこともあるし、行ってから地図を見て風景と重ねることもあるし。

吉玉　そうやって記憶に刻むんですね。今まであまり予習も復習もしてこなかったから反省……。

今和泉　町田といえば、「ミーナ町田」にＪＲ横

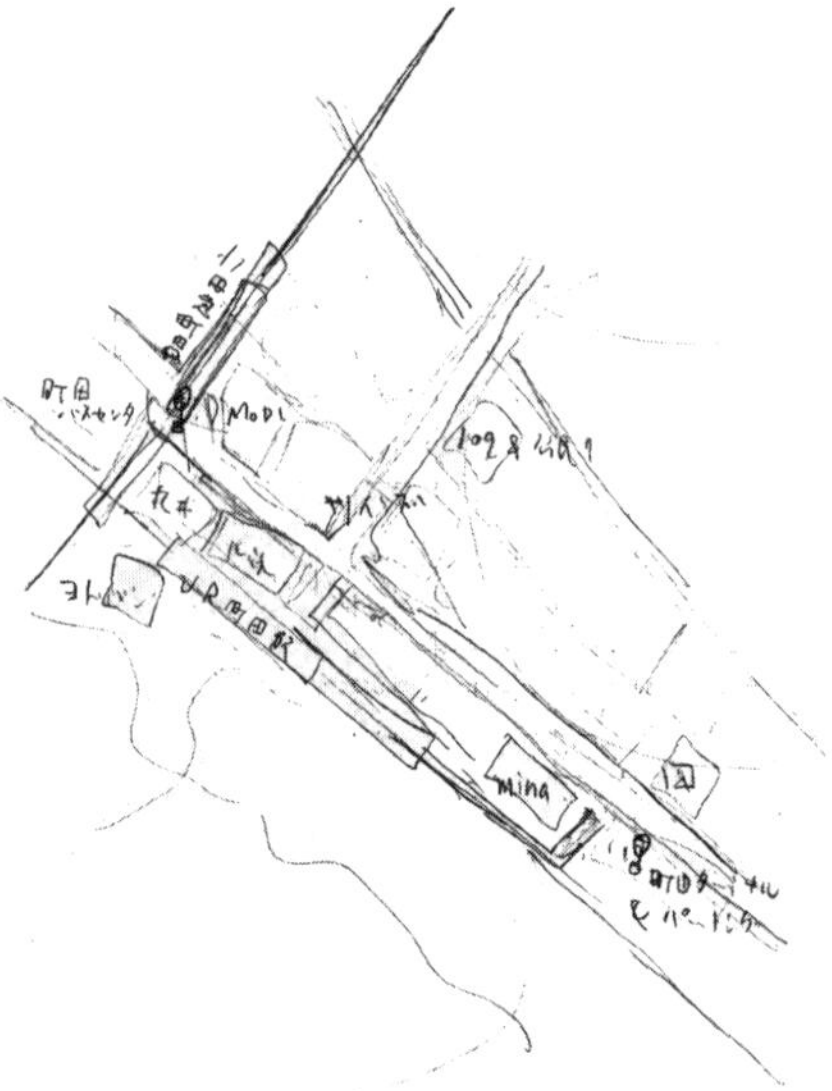

今和泉さんが描いた町田の地図。

浜線の改札がありますが、なんでこんなにホームから遠いところに改札があると思いますか？

吉玉　気にしたことなかったけど、たしかにホームから離れてますね。

今和泉　実はですね、昔ここに駅があったんです！

吉玉　そうなんですか？

今和泉　昔はこの辺に国鉄原町田駅、こっちに新原町田駅というのがあって。だから、ふたつの駅を結ぶ通りに商店街ができたんです。

吉玉　何年ぐらい前のことですか？

今和泉　40〜50年前ですね。

吉玉　かなり昔！　生まれてない時代のことをどうやって調べるんですか？

今和泉　簡単に調べようと思ったらウィキペディアですね。歩いたり地図を見たりしていると「あれ？」と思うことがあるんですよ。「なんでこうなってるんだろう、怪しいぞ」と。そう思ったら調べます。もの好きの発想ですけど。

街は「ストーリー」で覚える

吉玉　やっぱり地形や歴史に興味がないと土地勘は育たないものでしょうか。

今和泉　実は、私は地形や歴史にはそんなに強くないんです。「地図好きは全員地形や歴史が好き」と思われがちですが、それって『ブラタモリ』の影響ですよ。私は人の流れに興味があるんです。

吉玉　人の流れ？

今和泉　たとえば、御茶ノ水や神保町はなんでこんなにもスポーツ用品店と古本屋と楽器店があるのかを考えたとき、「ここは日本最古の学生街なんだ！」と答えが見えてくる。戦前の暇を持て余した学生が、読書やスポーツをしていた名残なんですね。そういう人の流れや街の成り立ちを考えるのが好きで、そっちに重点を置いています。

吉玉　それなら私も興味を持てそうです。歴史はまだしも、地形になるとスケールが大きくて興味を持てなくて……。

今和泉　地形って、数万年単位の話じゃないですか。山が噴火して、水が湧いて、大地が削られて、水が低いところに流れて川ができて……それが数万年かけて起こる。スケールも100km、200km単位の話だから、想像しにくいですよね。

吉玉　地図好きの中には、地形好きの方もいらっしゃるんですよね？

今和泉　そうですね。でも「みんながそうじゃないよ」と言いたい。私にとって地形はメインディッシュではなくサラダです。

吉玉　サラダ……！

今和泉　地形も沼にハマるとなかなか抜け出せない面白さがありますけどね。ところで、川がある場所って本来は平らですよね。じゃあ御茶ノ水を神田川が流れているのは不思議じゃありませんか？　坂の上なのに。

吉玉　そう言われれば……。

今和泉　実は、もともとの川はもっと南を流れていたんですよ。江戸時代、火事と洪水に手を焼いていたので、ここをエッサホイサと手で掘って、神田川を無理やり曲げたんです。こういう面白エピソードを記憶するときは、ざっくりした脳内マップを用意していただいて、地図と照らし合わせて覚えてほしいですね。

吉玉　街をストーリーで覚えるんですね。

今和泉　ストーリーは、いわば線なんですよ。でも複数のストーリーが集まると面になるんですね。たとえば、1人の戦国武将の生涯を見ても「とんでもないやつだな」としか思わないけど、それが3人いると「そういう時代だったんだな」と時代背景がわかるじゃないですか。

吉玉　ストーリーも坂も、線を集めて面にするのが大事なんですね。

空想地図を描きつづける理由

吉玉　今和泉さんは7歳から「空想地図」を描いていたそうですが、そのときから街のストーリーに興味があったんですか？

今和泉　いえ、初めは単純に地図そのものに興味を持ちました。地図を見ているうちに、街のストーリーにも興味を持った感じです。

吉玉　それで架空の都市の地図を描くように？
今和泉　そうですね。
吉玉　空想地図で思い出したんですが、私は子供の頃に「架空のクラス」を作ってました。座席表に全員の名前を書いて、成績順とかクラブ活動とか書いて。
今和泉　えぐいなぁ（笑）。
吉玉　今和泉さんの空想地図も、私にとっての「架空のクラス」と似た発想が出発点だったのかな、と思いました。もちろんクオリティはぜんぜん違うわけですが……。
今和泉　非常に近いと思いますよ。ものごとを理解するとき、人から教えられたものを受け取るタイプと、自分で創作しながら理解するタイプがいる。私は後者なんです。アイデア料理のごとく、「この調味料を入れてみたら美味《おい》しくなるんじゃないか？」とやってみるタイプ。
吉玉　地図を創作することで、より理解を深めていったんですね。

地理人流、旅の楽しみ方

吉玉　今和泉さんは、学生時代に日本全国を旅して土地勘を得たんですよね。旅行するとき、目的地を決めて行く派ですか？　それとも行き当たりばったり派？
今和泉　目的地と経路をばっちり決めていきます。むしろ経路が目的地です。移動は基本的に在来線普通列車と路線バスなんですけど、事前に地図や時刻表を見てルートを考えます。その準備段階が旅の序章ですね。
吉玉　たくさん予習されるんですね。

今和泉　着いた瞬間に地元の人になりたいんですよ。電車を降りたとき、慣れた感じで「どの出口から出て、何番乗り場でどのバスに乗るか」を知っていたいんです。

吉玉　すごい！　じゃあ、あらかじめ決めたとおりに旅をするんですか？

今和泉　いえ、私は下調べをたくさんする代わりに、予定を崩しながら行くこともあって。どの駅なら電車1本逃しても大丈夫か、時刻表でざっくり把握しておきます。

吉玉　乗換案内アプリではなく時刻表？

今和泉　はい。意外とおすすめなのが時刻表をパラパラと見ることでして……。（JR時刻表を開く）

今和泉　たとえばここ、大変なことになってるんですよ。

吉玉　大変なこと？

今和泉　見てください、ここからここの区間は数字がぎっしり。電車の本数がこんなにあります。でもこの先は……あららららら！　ぜんぜんない！　3時間待ちです。しかもこの駅は周囲に何もないので、この電車を逃したら大変なことになりますよ！

吉玉　楽しそうですね……！　たしかに検索だと知りたい電車の情報がピンポイントで出るから、その次の電車まで調べたことありませんでした。

今和泉　調べなくてもいいんですよ。ぱっと見て本数が多いか少ないか、密度と前後関係を見るんです。時刻表は「模様」として見ると面白いんですよ。

吉玉　玄人っぽい……！

今和泉　時刻表の密度で、ここから家が少ないんじゃないかなとか、そういうのが見えてくるんですよね。時刻表から風景が立ち上ってくる。

吉玉　地図と同じなんですね。

今和泉　はい。地図も時刻表も、検索だと探した情報しか入ってこない。けれど、紙の地図や時刻表を眺めていると、探してない情報も入ってくる。「こんなところにこんなお店が！」とか、目的地じゃないところも見つけられるんです。

吉玉　最短で最低限の情報を得るよりも、なんだか豊かな感じがしますね。私も紙の地図買います！

今和泉　重いので、行くところだけコピーして持って行くといいですよ。書き込んでもいいですし。紙の地図のメリットは縮尺がそろっているところ。パッと開いたとき、「ここからここまで15分くらい」とすぐわかるのがいいですね。

風景の擬人化!?

吉玉　個人的なことですが、東北旅行の予定があるんです。旅行や街歩きのコツを教えてください！

今和泉　おっ、いいですねぇ。交通手段は？

吉玉　青春18きっぷで鈍行です。

今和泉　おぉ！

吉玉　ちょうどお昼ごろに宇都宮で餃子を食べて、夕方ごろ仙台に着く予定です。

今和泉　飛ばしますねぇ。宇都宮から仙台だと、時間帯によりますが、金谷川駅の辺りは福島大学の学生で混みますね。そのあと福島始発の電車も意外と混むんですよ。でも藤田駅辺りで高校生がみんな降りるから、この辺からは座れますよ。「県境の法則」というのがあって、県境で電車の便数が少なくなるんです。人はなかなか県境を越えないんですね。越境して通学してる生徒以外、高校生は県境の手前で降りるし。

吉玉　電車でも人の流れを把握してるんですね。

今和泉　私は移動経路が目的地なので、電車の中もずっと気にしてるんですよ。「山を越えたらしばらく景色がいいぞ」とか。

吉玉　ずっと窓の外見てるんですか？

今和泉　はい、風景をストーリーだと思って見てるので。駅名はタグ付けみたいなものですね。ふせん貼って見出しをつけるようなもの。タグが多いほうが記憶に残りやすいので、なるべく各駅停車に乗ります。

吉玉　窓の外見ながら、メモとったり写真撮ったりしますか？

今和泉　メモはとらないですが写真は撮りまくります。でも、ずっと窓の外を見てなくてもいいいんですよ。たまにパッと見れば。面白いですよ。

吉玉　どんな面白さでしょう？

今和泉　たとえば日本で二番目に大きい県の岩手県。盛岡の南と北では「岩手感」がぜんぜん違うんです。

吉玉　都会と田舎の違いですか？

今和泉　いえ、どっちも田舎です。でも、田舎はひとつじゃないんですよ。いかにも宮沢賢治っぽいのどかな田園風景が、盛岡を境に、真っ黒な森になる。「ここにひとり取り残されたらどうなるんだろう……」と恐ろしくなるような黒い森が、その先しばらく続きます。風景のコントラストがあるんですよ。

吉玉　風景が変わらないときは飽きませんか？

今和泉　飽きすぎて笑っちゃいます。クアラルンプールからシンガポールへ行く鉄道に乗ったとき、びっくりするぐらい変わらなくて。

吉玉　どんな風景だったんですか？

今和泉　ヤシの木のプランテーションです。実を収穫するために品種改良されたヤシなので背が低いんですね。背の高いヤシなら壮観ですが、低いと日線の位置に実があるんです。それが4時間ずっと続く。

吉玉　4時間ずっとヤシは笑っちゃいそうです(笑)。

今和泉　その点、日本は風景が変わりやすいですね。集落があり畑があり、遠くに山が見え、山を越えたら県境で人の流れが途切れる……というように。

吉玉　それが今和泉さんの言う「ストーリー」？

今和泉　そうです。風景をストーリーに置き換えてるんです。風景の擬人化、おすすめですよ！

吉玉　なんたるパワーワード……！

札幌で散歩チャレンジ！

住所だけを頼りに碁盤の目の街を歩いてみた

私の出身地は北海道札幌市。

札幌は一般的に、「碁盤の目だから道がわかりやすい」と言われる。そう、札幌の中心部エリアはいわゆる碁盤の目。地図を見ると、たくさんの縦の道（南北）と横の道（東西）が直角に交差している。

そして住所は、南北を条、東西を丁目で表す。「南1条西4丁目」といった具合に、「南北・数字＋東西・数字」の組み合わせだ。略して「南1西4」と表記する。

この住所が信号横のプレートに掲示されているため、多くの札幌市民は「住所さえわかれば地図を見なくても目的地にたどり着ける」と言う。

はたしてそれは、方向音痴にも言えることだろうか？　帰省がてら検証してみた。

札幌の住所はまぎらわしい？

チャレンジの前に、「札幌の住所覚えにくい問題」についてひとこと言わせてほしい（絶対ひとことじゃ済まないけれど）。

地理人こと今和泉隆行さんにお会いしたとき、インタビュー後に雑談していると「札幌の碁盤の目、道はわかりやすいけど住所は覚えにくいですよね〜」と言われた。

わかる〜！

両親も友達も、多くの札幌市民は「東西南北の数字で場所がわかるから便利でしょ」と言う。

たしかに、わかりやすくはある。たとえば現在地が「南1西4」、目的地が「南2西6」の場合、「南に1区画、西に2区画行けばいいんだな」とわかる。これは便利だ。

しかし、東西南北と数字の組み合わせは字面が無機質で覚えにくい。「小川町」や「駿河台」なら漢字のイメージで覚えられるが、「南1西4」じゃ特徴がないから覚えられないのだ。少なくとも私は無理。

地元の友達を見ていると、

「パフェが美味しいお店見つけたんだ」

「どこどこ？」

「南3西4なんだけどさ〜」

といった会話が当たり前に成立している。なぜみんな覚えられるのだろう？

私は札幌出身なのに南3西4がわからない。今さら「それってどのへん？」とも聞けず、いつも知ったかぶってしまう。

それに、方角と数字の住所は間違えやすい。しかも1区画が広いから、場合によっては間違えたときのダメージがでかい。仮に「南16西5」に行きたいのに間違えて「南5西16」に行ったとして、戻るには徒歩40分もかかるのだ。

札幌の住所はトラップだらけだと思う。

幼なじみにお題を出してもらう

さて、今回は住所だけで目的地にたどり着けるかどうかを検証する。目的地は私が知らない場所であることが大前提なので、お店をよく知っている幼なじみのトモちゃんにこんなＬＩＮＥを送った。

吉玉　実は明日、ある取材で大通《おおどおり》に行くの。「札幌は碁盤の目状だからわかりやすいって言うけど、本当に番地だけで目的地にたどり着けるの？」って企画。そこで、私にお題を出してほしいんだ。喫茶店か何かの名前と住所だけ指示してくれない？　大通、札幌駅、すすきのエリアじゃなくてもいいから。

トモちゃん　方向音痴はどうにかなるか企画のアレかな？　楽しく読んでるし、そういやサキちゃん方向音痴だったよね。『duo2』に行くって言って逆走しようとしたときは衝撃だった。

幼なじみがまさかの読者だった。

トモちゃんの言う『duo2』は商業施設の名前だ。複数のビルが複雑につながっていて、まったく意味がわからない。私は逆方向に向かったことがあるようだが、そういうことは数えきれないほどあるので覚えていない。

吉玉　大通からスタートするけど、健脚だから大通駅から遠くても大丈夫。

トモちゃん　札幌市中央区南2条西8丁目5－4の『FAB cafe』。もしかしたら大きい看板は出てなかったかも。

お、南2西8ならすぐ行けちゃうかも!?

というのも、私が札幌で唯一わかるのが西4丁目だ。なぜなら『4プラ（4丁目プラザ）』というビルがあるから。今回、お題がどこであれ『4プラ』からスタートする予定だった。西8丁目なら4プラから4区画だからすぐ行けそう。

そこで、こんな返信をした。

吉玉　南2西8だと余裕で行けちゃうかも。もう一問ほしい！

トモちゃん　南2西8はそこそこ歩く気がするけど。

今あらためてこのやり取りを見ると、「余裕で行けちゃうかも！」ってすごい調子に乗ってるな。方向音痴はたまに根拠のない自信に満ちあふれる気がする。私だけ？

トモちゃん　札幌市中央区大通西17丁目2－1の『パティスリーアサカ』。ケーキ屋さん。ちょっと離れてるし、碁盤の目住所じゃないけど。

すぐに応えてくれるトモちゃん、話が早い。自分で送っておいて言うのもなんだが、いきなり「喫茶店の店名と住所を送れ」って言われるの、普通は戸惑うよね。

さて、私は住所だけでカフェとケーキ屋さんにたどり着けるのだろうか？

見慣れた光景に出合ったときの圧倒的納得感

最初の目的地は南2西8の『FAB cafe』。予告通り、❶『4プラ』からのスタートだ。地下鉄大通駅から地下通路を通って『4プラ』へ行き、地上に出る。

私は『4プラ』が「西4丁目」であることしか知らないので、南北の番地はわからない。手掛かりを探すべく近くの信号を見ると、プレートに「南1西4」とあった。なるほど、ここは南1条だったか。これを読んだ札幌市民に「知らなかったの!?」と呆《あき》れられそうで怖い。

目的地は南2西8だから、南に1コマ、西に4コマ進めばいいんだな。札幌市民は1区画を「コマ」と呼ぶ……というのは嘘《うそ》だが、私はなんだか「コマ」って表現がしっくりくる。すごろく感覚だ。

さて、碁盤の目なので目的地までのルートはたくさんあるが、私は以下の順序で行くことにした。

①現在地から西に4コマ進む（南1西8に出る）
②そこから南に1コマ進む（南2西8へ）

まずは、今いる通りを西にまっすぐ進みたい。しかし案の定、西がどっちかわ

❶

からない。

　地図は見ちゃいけないルールなので、信号のプレートを見る。目の前の信号は西4、道路をはさんで右側の信号は西3。ということは、左に行けば行くほど、西5、6、7……と数字が大きくなっていくはず！

　西と信じる方向に歩きだした。季節は冬で、歩道は雪に覆われている。冬の札幌は当然寒いが、この日は特に冷え込んだ。

　1コマ進むと、信号に❷「南1西5」のプレートが。やっぱりこっちが西で合ってた！

　ところでこのプレートって、信号の手前側が「南1西5」なんだろうか。それとも信号の奥？

　さらに進むと、広い道路を挟んで東側の信号に「南1西6」、西側に「南1西7」の表示があった。その境界はどこだろう。この道路を横断している最中、私は何丁目にいるの？　普段は住所なんか気にせず歩くくせに、いったん気になると妙に理屈っぽくなってしまう。

　そのまま西へまっすぐ歩くと、❸市電の西8丁目停留場があった。そうか、南1西8ってこの停留場があるところか……！

市電で通学していたためこの停留場は日常的に目にしていたが、初めて映像と住所が一致した。圧倒的な納得感。水の名がウォーターと気づいたヘレン・ケラーもこんな感じだったのかな。

というわけで、東西の移動はクリア。あとは南に1コマ進みたい。

しかし、相変わらず南がどっちかわからない。遠くにある信号を、目を細めて見つめる。すると進行方向から見て左側の信号に、「南2西8」の文字を確認できた。

「こっちだ！」

このとき、撮影係として同行していた夫に「反対に、南1から北に1コマ進んだら住所はどうなるの？」と尋ねられた。

「私にわかるわけないじゃん」

つい逆ギレしてしまう。この夫の問いが後ほど重要になるとは、このときは思いもしなかった。

南に1コマ進むと……ほらやっぱり、南2西8だ。あとはこの区画の中で目的のお店を探すだけ。区画をぐるり一周すると路地を発見。そこを進むと、❹『FAB cafe』があった。小ぢんまりした可愛《かわい》いお店だ。

トモちゃんに「着いたよ〜！」とＬＩＮＥすると、「おめでとう！」と返信が来た。へへへ、迷わず着けたもんね。

というわけで、トモちゃんから出された1つ目のお題はクリアだ。

住所に南北がない!?

次の目的地は『パティスリーアサカ』というケーキ屋さん。

もう一度住所を確認したところ、あることに気づく。住所が「大通西17丁目2−1」で南北がないのだ。代わりに「大通」がついている。

また、トモちゃんは「ちょっと離れてるし、碁盤の目住所じゃないけど」と言っている。碁盤の目住所じゃないってどういうこと？

これは札幌出身者として本当に恥ずべきことだが、私はこのときまで、札幌中心部の住所には必ず東西南北があると信じていた。そっか、南北がない住所もあるのか……。

動揺したため、とりあえず近くにあったファミマに入った。イートイン席でコーヒーを飲みながら、「大通西17丁目」を推理する。

西17丁目ということは、東西は判明している。現在地が南2西8だから、❺西に9コマ進めばいい。

問題は、南北をどちらに進めば「大通」に出るのか？

今いる南2から、南に進むにつれて南3、4、5……と数字は増えていくはず。そっちはすすきの方面で、その先に「大通」が現れるとは思えない。ということは……北に行くしかない。

そういえば、南北の境界って住所はどうなってるんだろう。たしか南0や北0という住所は存在しなかった。

そこでピンときた。

札幌の中心部は「大通公園」という細長い公園が貫いている。もしかして、大通公園（およびその脇の道路）が南北のゼロ地点で、その住所が「大通」なのでは？

つまり、今いる南2から北に進むと、❻南1、大通、北1、北2……となるのでは？ そう考えれば辻褄《つじつま》が合う。

だとしたら、現在地（南2西8）から大通西17丁目へ行くには、

①北に2コマ進む

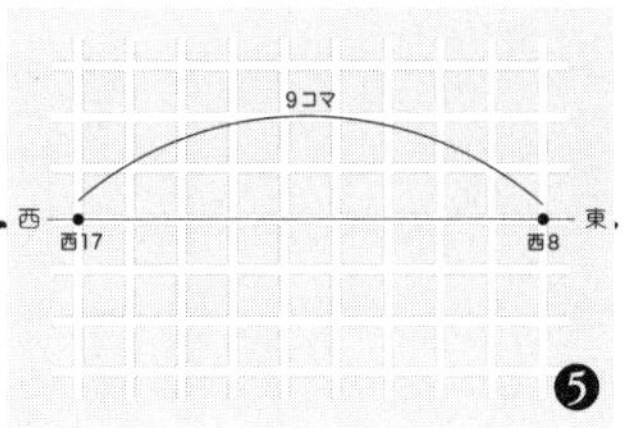

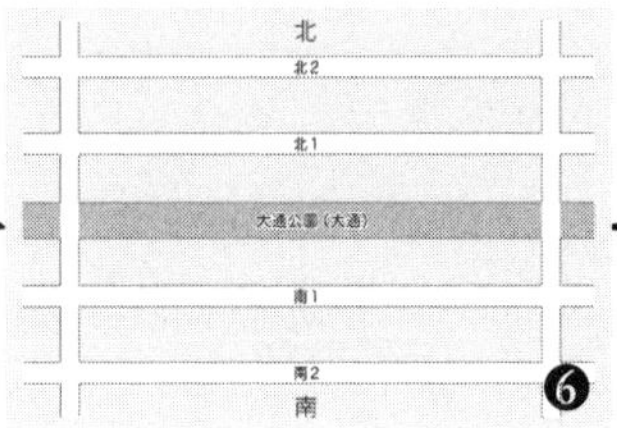

②西に9コマ進む
ではないか？

目的地はなんと2駅先だった

自らの推理をもとに、ファミマを出た私は北に2コマ歩く。すると大通公園が見えてきた。その脇の信号には❼「大通西8」の文字。やっぱり！　夫が言った「南1から北に1コマ進んだら住所はどうなるの？」の答えは「大通」だった。私以外の札幌民はみんな知ってるんだろうな……。

あとは、この道を西に9コマ進めば目的地のはず。せっかくなので❽大通公園を通ることにした。白い雪がふかふか積もった公園をスキップで歩く。スキップするのは寒いからだ。すでにブーツを履いた爪先はじんじん冷えている。

遠いな〜と思いながら歩いていたら、❾地下鉄西11丁目駅の入り口が！　大通駅の次の駅だ。西11丁目駅は中学生の頃よく利用した駅だが、まったく位置を把握していなかったため、突如現れた駅に動揺した。方向音痴の世界はいつも、知っている景色が思いがけない場所に突如現れる。

7

8

地下鉄東西線は西11丁目駅の次が西18丁目駅。そっか、大通西17丁目って、西18丁目駅のそばなんだ。大通駅から2駅も歩くんだ。なんでもっと早く気づかなかったのだろう。気づいていれば地下鉄に乗ったのに。

西11丁目駅から地下鉄に乗ろうかとも考えたが、「せっかくここまで歩いたんだから」と意地になり、目的地まで歩くことに。

しかしあまりに寒いので、通りすがりの⑩札幌市資料館に寄り道した。昔の札幌控訴院だ。昔の法廷を見学していたら資料館の方が法衣を貸してくれたので、羽織って判事の席に座ってみた。思いつきで判事を体験することある?

温まったところで（資料館で暖をとるな）、散歩チャレンジ再開。とにかく大通を西へ進む。

歩いて歩いて、ようやく大通西17丁目。大通と交差する道に⑪『パティスリーアサカ』を発見した。トモちゃん、迷わず着いたよ！　バカみたいに寒い思いしたけど！

帰宅後にマップで距離を調べた。

・『4プラ』から『FAB cafe』…750m

・『FAB cafe』から『パティスリーアサカ』…1・5㎞

⑨

⑩

けっこう歩いたな……。

母にこの話をしたら、「なんで大通西17丁目に行くのに地下鉄乗らなかったの？西18丁目駅で降りればすぐじゃない」と言われた。

「住所だけ見たら、西18丁目駅の近くってわからなかったんだよ」

「なんで？」

母は不思議そうにキョトンとしている。ほんと、なんでだろうね。私が知りたい。

散歩チャレンジの結果を中村嬢にメールで報告すると、「歩き始める前にイメージしてた場所と実際の場所、合ってましたか？」と尋ねられ、ハッとした。

私は、歩き始める前に地図を思い浮かべていなかった。普通は脳内地図で「だいたいあの辺だな」とイメージするものなのだろう。どうも、地図をイメージする習慣がまだ身についていない。

札幌は方向音痴に優しい街

検証の結果、住所だけを手掛かりに目的地に着くことができた。私を育んだ札幌は方向音痴に優しい街と言えるだろう。

⑪

しかし、住所を聞いて「だいたいあの辺りだな」と見当をつけていたら、氷点下の中を2㎞歩かなくても地下鉄を利用できた。そう考えると、「札幌の住所わかりやすい説」は土地勘ありきとも言える。東西南北の起点がわかっていないと、その住所がどの辺かわからないから。

私が札幌出身でありながら札幌の土地勘がないのは、街をよく見ていなかったからだ。関心あるものだけをピンポイントで見ていて、住所と紐《ひも》づけて記憶することを怠っていた。大通という住所があることにも気づかないくらいに。

もっと街をよく観察しよう。そうすれば、方向音痴でも「土地勘」を育てられるかもしれない。

―― 札幌　散歩チャレンジの道のり ――

秋田の秋田犬

今和泉さんに話したとおり、夫と東北を旅した。2019年の年末のことだ。

東京の自宅から札幌の実家へ、青春18きっぷを使って鈍行とフェリーで行く。3泊4日で時間もホテル代もかかるうえ、観光する暇はほとんどない。一日の大半を電車内で過ごす。なぜそんな修行のような旅をするかと言えば、夫の趣味。今和泉さんほどじゃないにせよ、夫も18キッパー（18きっぷで旅する人）なのだ。

移動だけの旅でも、心に残っている光景はたくさんある。特に盛岡〜大館間が印象深い。我々が盛岡駅に着くと雪が降りだした。そのあとは盛岡からいわて銀河鉄道とJRを乗り継ぎ、青森からフェリーに乗る予定。しかし、なんと雪のためいわて銀河鉄道が運休していた。路線図を見て他のルートを探すも、今日中にフェリー乗り場へたどり着くのは難しそう。諦めて盛岡駅前のビジネスホテルに泊まることにした。ホテルのテレビをつけると盛んに北日本の大雪を報じていて、思ったより大ごとらしい。

翌日の早朝、まだ暗いうちにホテルを出た。駅へ行くと、電車が無事に動くようで安心する。東京は始発でもわりと人がいるけれど、その車両には私と夫、坊主頭の高校生しかいない。バックパックを下ろして温かな座席に腰かけ、スマホをいじる。たまたま見つけた失恋にまつわるエッセイを読んでいたらぽろぽろ泣いてしまい、気づけば泣き疲れて眠っていた。目を覚ますと車両には高校生が増えていて、みんなずいぶん素朴だ。車窓は濃紺から薄い青に色を変えていた。

終点の大館で下車すると、線路が雪で真っ白だった。なんて東北らしい景色だろう。空気がぴりりと冷たく、雪が音を吸い取ったように静か。「風景の擬人化」をするなら、色白で物静かな少女といったところ。

乗り継ぎのため1時間以上待たなければならず、とりあえず駅を出てみる。ちらちら舞い落ちる雪で視界が真っ白になった。その私の目の前を、大きな秋田犬とおじさんがのしのし歩いていく。

わぁ……！　秋田に上陸してすぐに秋田犬を見られるなんて、そんなことある？

なんだか絵本のような光景だ。うれしくて思わずツイートしたら、知人から「その秋田犬はサキさんの心が見せた幻かも？」と返信が来て、妙に納得した。

旅って案外、こういったなにげない場面が記憶に残っている。地味だからこそ、とびきり愛《いと》おしい。

一歩下がって、そもそも……

方向音痴が使うべきマップ&ナビアプリって何なの?

本書のWeb連載時のタイトルは『グーグルマップを使っても迷子になってしまうあなたへ』。中村嬢が考えてくれた。

しかし、たまに読者の方から「グーグルマップは迷いやすいですよ」というお声をいただく。

たしかに、紙の地図とグーグルマップそれぞれ使って歩いてみたら(P.22〜・P.32〜)、紙の地図のほうがすんなり目的地にたどり着けたしなぁ。

今さらだけれど、私はグーグルマップと相性が悪いのかもしれない。探せばもっと相性のいい地図アプリがあるのでは……?

というわけで、アプリの選択だけでも迷子防止につながる可能性を信じ、方向音痴でも使いやすいと評判のアプリを試してみた。

課題に合わせてアプリを選ぶ

試すアプリは中村嬢に選んでもらう。というのも、私は方向音痴の上に機械音痴で、アプリをあまり使いこなせない。最近まで使っていたスマホはアプリが6個しか入らなかったし（そんなことある？）。

私の経験上、方向音痴の悩みと言えば

①駅構内がわからない

②最初の一歩をどっちに踏み出せばいいかわからない

だと思う。この2点はグーグルマップでは解決しない。

逆に言えば、駅構内がわかり、最初の一歩さえ合っていれば、迷う確率は劇的に下がるはず。そこで、この2点を解決できそうなアプリをそれぞれ探してもらった。

「Yahoo! MAP」を新宿駅構内で使ってみる

最初に検証するのは「Yahoo! MAPアプリ」。出口番号が明記されていたり、大きな駅は地下街も表示されたりと、駅構内に強いらしい。

検証の舞台は方向音痴の大敵・新宿駅。ＪＲ南口の改札内、❶小田急線との乗換改札付近からスタートする。

中村　ここから丸ノ内線の乗り場に行ってみましょう！

さっそくアプリを起動し、現在地を見る。すると、グーグルマップで見慣れた、巨大なピンクの空間に青丸（現在地）がいる画面が現れた。

なんと……！　漠然と「劇的にわかりやすい何か」を期待していたため、ショックを受ける。

中村　これ、現在地が微妙にズレてますね。

吉玉　そうなんですか？

中村　左側のタブで、階ごとに表示を切り替えられますよ。1階とか地下1階とか。

そう言われても、自分が何階にいるのかわからない。探しても、意外と駅構内には階数の表示がないのだ。今いる階の地図が自動で出たらいいのに……。

アプリ内で「丸ノ内線」と検索すると、ＪＲの駅の北側にあることがわかった。とりあえず手近な改札を出る（あとで気づいたが、とりあえずで改札を選ぶから迷うんだな）。改札を出ると目の前はすぐ南口。見慣れたバスタ新宿があった。

1

吉玉　えーと、地上だからここが1階ですね。

中村　いや、たぶんここが2階だと思います。

地上なのに!?

腑《ふ》に落ちないが、言われたとおりアプリを2階に切り替える。すると、さっきよりは詳細な地図が出た。駅の出口もバッチリ表示されている。まずは東南口のほうに行けばいいみたい。

とは言え、どう進んだらいいのかわからず駅構内を右往左往。この時点ですでに20分くらい経過している。

とりあえず南口を出て地図のとおりに歩くと、見慣れたビル❷「フラッグス」の前に出た。学生の頃から何度も来ている場所だが、位置関係を把握できていないので、「ここにあるんだ！」と新鮮に驚いた。フラッグスの前には大きな階段があり、低い場所に下りられるようになっている。

中村　たぶん、この階段の下が1階なんですよ。だからさっきの南口前は2階だったんです。

なるほど！　けれど、それは新宿駅の構造を知っている人じゃないとわからない。初めて新宿に来た人がバスタの前で「ここは2階だな」と思うだろうか？

階段を下りて、低い場所にある道を地図のとおりぐるっと歩く。地図上では、目的地の向かい側に「タカノフルーツパーラー」の文字。あ、これって東口のお店だ！

歩いていると、やっぱり❸東口側に出た。というか、ここは「ルミネエスト」だ。私が頻繁に来ている場所。

吉玉　あぁ、ここに出るんですね！

中村　えっ、今気づいたんですか？

そうなのだ。「バスタ」も「フラッグス」も「ルミネエスト」も、点としては知っているのに、それらが線でつながっていなかった。

階段を下りて駅構内に入り、あとは表示どおりに進む。すると❹丸ノ内線の乗り場があった。時計を見ると、なんとスタートから40分が経過している。友達との待ち合わせなら、何か奢《おご》って詫《わ》びなきゃいけないところだ。

中村　あの、実は改札出なくてよかったんです。

吉玉　え？

中村　スタート地点（小田急線とJR線南口側の乗換改札）から丸ノ内線乗り場まで、外に出なくてもホームを歩けば早かったんですよ。

吉玉　そんな……！

目的地はJRの駅の北側。スタート地点は南口だったので、まずはなるべく北寄りの出口に向かえば早くて楽だった……というわけだ。そんなルート、さっき表示されたっけ？

ここで答え合わせ。中村嬢に連れられ、駅構内を通る最短ルートでスタート地点に戻る。私にとってはかなり複雑なルートだ。一人だったら絶対に迷うだろう。新宿駅はいつ歩いても難しい上に、工事により見慣れた風景が変わっていたため、なおさらピンとこなかった。

スタート地点に戻ったところで、ふたたびルート検索をしてみる。やっぱり私が歩いたルート（いったん駅から出てぐるっと歩く）しか表示されなかった。現状、駅構内のルートを表示させることは難しいようだ。いつかできるようになるといいな。

【Yahoo! MAP 検証結果】

・階ごとに地図を切り替えられるのは便利だが、現在地が何階なのかを把握できないと使いこなせない。

・使用感はグーグルマップとあまり変わらない。

東西南北に疎い人間は上下のレイヤーにも疎いので、階数ごとに表示できる機能は宝の持ち腐れだ。しかし、方向音痴じゃない人、新宿駅をそこそこ理解できている人なら、このアプリは使いやすいのかもしれない。残念ながら私には豚に真珠だった。

また、新宿駅は複雑すぎるので、遠回りでも駅構内より外を歩いたほうがまだ迷わないと思う。

「Waaaaay!」で地図を使わずに歩いてみる

次に検証するアプリは「Waaaaay!（うぇーい！）」。なんと「99％迷わない」を謳《うた》ったアプリだ。コンパスのように距離と方向だけが表示される。

検証の舞台は渋谷。山手線を降りると、ホームからも⑤街の工事の様子が見えた。渋谷ってずっと工事しているイメージ。まるでサグラダファミリアのようだ。

中村嬢が決めた目的地は『コーヒーハウスニシヤ』という喫茶店。

⑤

「Waaaaay!」に住所を入力すると、さっそく画面にコンパスが表示された。コンパスが示す方向は……線路だ。さすがに線路を渡ってはいけないので、改札を抜けるため近くのエスカレーターに乗る。矢印が示す方角に通路があるとは限らないので、「だいたいこっちかな？」と思うほうに進むしかない。

ホームが長く、なかなか改札にたどり着けない。このまま次の駅に着いてしまうのでは……。不安になったとき、ようやく新南口改札に出た。

ここでスマホの充電が危うくなってきた。モバイルバッテリーをレンタルすべく、ファミマに寄ることに。目的地を最寄りのファミマに設定しなおすと、❻駅を出て右に進むように矢印が向いている。

矢印のとおりに歩いていくと、画面に表示される残りの距離がどんどん小さくなる。目的地にちゃんと近づいているのがわかってうれしい。コンパスのお導きのまま進むと、あっさり❼ファミマに到着できた。残り6ｍくらいの位置で「21ｍ」と表示されているが、GPSの誤差だろう。

無事にモバイルバッテリーをゲットし、目的地を『コーヒーハウスニシヤ』に設定。矢印はファミマの隣の大きなビルを指している。受付嬢がいるタイプのオフィスビルだ。

6

7

吉玉　このビル、突っ切れますかね？

中村　やめておきましょう。

おとなしくビルの脇の道を通った。このアプリは方角しか示してくれないので、建物に遮られることも普通にある（あとで気づいたが、画面を地図に切り替えることができた。行き止まりで困ったら地図を見よう）。

スマホを持ったままくるくる向きを変えると、アプリの矢印もくるくる動く。すごい。地図アプリだと現在地を示す点はこんなに素早く動かない。

矢印に従って進むと、❽神社の境内に入ってしまった。なんだか「導かれてる感」がある。とりあえず参拝し、入ってきたのと違う出口から出た。

なおも矢印のとおりに歩く。しばらく進むと、道路の向こう側に『コーヒーハウスニシヤ』を見つけた。

すごい！　この私が迷わずすんなり到着できるなんて。さすがは「99%迷わない」を謳うアプリだ。情報量が少ないから混乱しにくく、地図アプリよりも方向音痴向きだと思う。

中村　次は目的地を原宿駅に設定しましょう。でも、最短ルートにこだわらず、気ままに寄り道しながらお散歩してみましょう。

8

9

歩きながら周囲を見回すと、[9]青山学院大学や青山通りなど、「青山」とつくものが目についた。そうか、ここは青山か……（あとで調べたら、住所は渋谷区神宮前、最寄り駅は表参道だった）。

「青山ブックセンター」の看板を見つけたのでさっそく寄り道する。学生の頃は、ここで本をカート買いするのに憧れたものだ。しばらく本を物色した。

「青山ブックセンター」を出て、「Waaaay!」の[10]矢印が示す方向に歩く。

中村　この先、行き止まりっぽくないですか？

吉玉　いえ、抜け道があるかもしれないから行ってみましょう！

行ってみたものの、結果は行き止まりだった。方向音痴はときとして妙なアグレッシブさを見せる。だから迷うんだよ。

いったん戻り、別の道を行く。途中で一本道が左に折れていた。直進したいけれど、仕方がなく道なりに歩く。おそらく遠回りしているが、それもまた楽しい。

やがて、見覚えのあるにぎやかな通りに出た。[11]原宿のキャットストリートだ。

吉玉　あ、ここに出るんですね！

中村　来たことありますか？

吉玉　何度も来てるけど道はさっぱり……。

通りの両側にはアパレルやアウトドアショップ、食べ物屋さんがひしめき、華やかで楽しい。いつか姪《めい》に「原宿を案内して！」と言われたとき迷ったら恥ずかしいから、ちゃんと覚えておこう。

⑫大きな通りに出ると、道路の向こうにロンシャンとカンペールがあり、「表参道のケヤキ並木だ！」とわかった。私は道を店舗で把握しがちなので、店舗が移転したら大混乱しそうだ。

ここまで来たら原宿駅はもうすぐ。⑬アプリには「あと87m」と表示されている。私はまだ新しい原宿駅を見ていなかったので、どんな建物になったのか興味津々。しかし、⑭前方に現れた原宿駅はずいぶんアッサリした、没個性的な建物になっていた。ちょっと拍子抜けする。

ともあれ、ちゃんと目的地にたどり着けたし、散歩を楽しむこともできた。

【「Waaaaay!」検証結果】

・迷わなかった！
・矢印の示す先が行き止まりの可能性もある。
・必ずしも最短ルートを示してくれるわけではない。場合によっては遠回りにな

るので、急いでいるときは向かないかも。

「Waaaaay!」を使って歩いたルートを見返してみると、けっこう遠回りしている。私は性格的にまったく構わないけれど、最短で効率よく歩きたい人は苛立《いらだ》つかもしれない。しかし、最終的には目的地に到着できるので、方向音痴のお散歩にはぴったりだ。なにより、地図を見るストレスがかからない。


今回2つのアプリを使ってみて、私としては「Waaaaay!」が直感的に使えて好みだと感じた。これはすごい。私でも目的地に着けたのだから。

けれど、駅構内で使うには「すごくわかりやすい！」というほどではない。そこで、駅に特化したアプリがあったらいいのになと思った。出口の名前を入力したら、「Waaaaay!」みたいに矢印で導いてくれるような。新宿駅専用でもいいから……。

方向音痴を克服できたらそれに越したことはないが、テクノロジーの進歩にも頼りたいのだった。

――「Waaaaay！」を使って歩いた道のり――

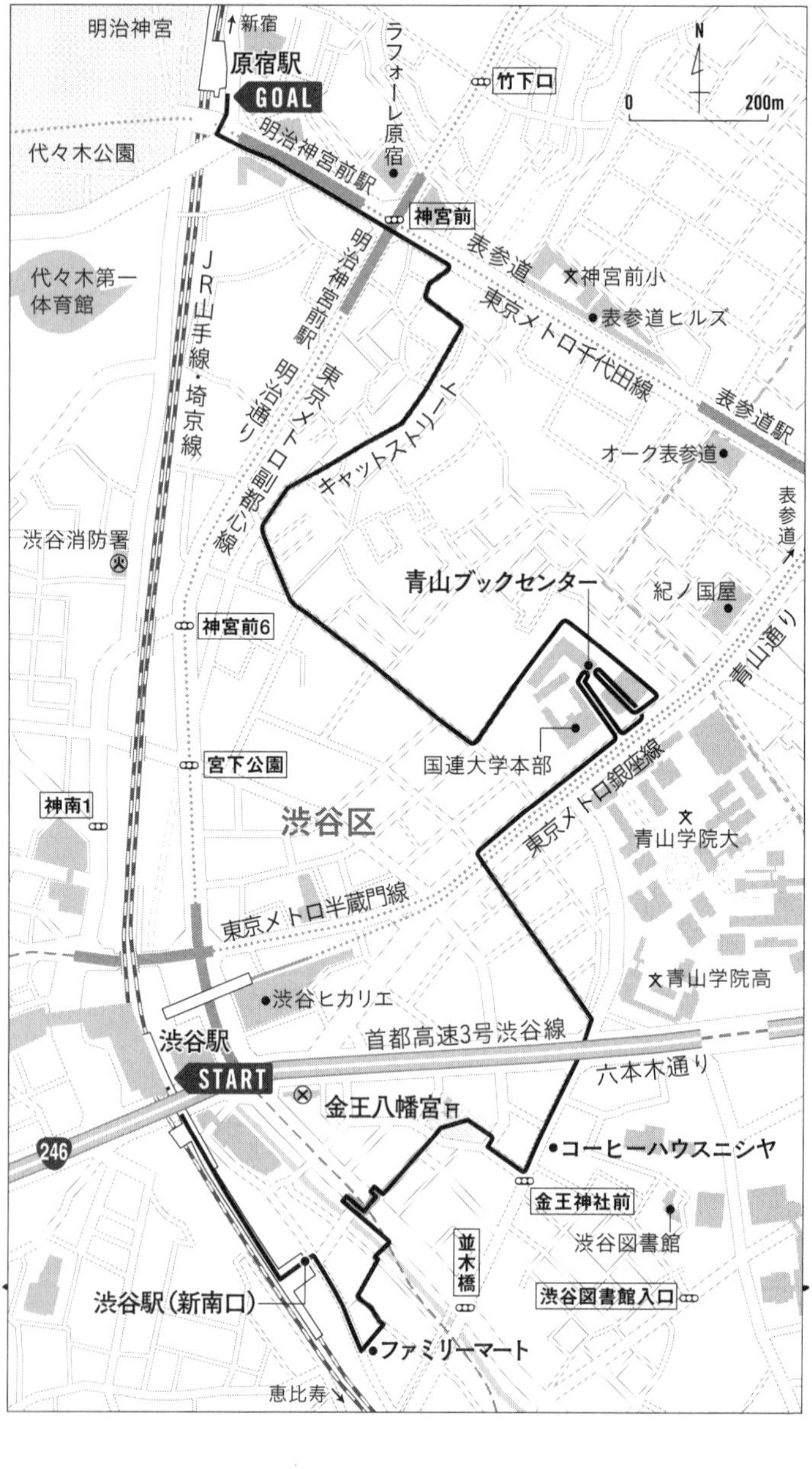
明治神宮
↑新宿
原宿駅
GOAL
ラフォーレ原宿
竹下口
N
0
200m
代々木公園
明治神宮前駅
神宮前
表参道
神宮前小
東京メトロ千代田線
表参道ヒルズ
代々木第一体育館
JR山手線・埼京線
明治神宮前駅
明治通り
東京メトロ副都心線
キャットストリート
表参道駅
オーク表参道
表参道↗
渋谷消防署
青山ブックセンター
紀ノ国屋
青山通り
神宮前6
国連大学本部
東京メトロ銀座線
宮下公園
神南1
渋谷区
青山学院大
東京メトロ半蔵門線
青山学院高
渋谷ヒカリエ
首都高速3号渋谷線
渋谷駅
START
六本木通り
金王八幡宮
246
コーヒーハウスニシヤ
金王神社前
渋谷図書館
並木橋
渋谷駅（新南口）
渋谷図書館入口
ファミリーマート
恵比寿↘

恐怖の「T地区」に迷い込んだ日

私は夫婦で半年間、海外を旅していたことがある。といっても私はあまり旅行好きではなく、夫に付き合ったかたちだ。

我々は1つの街に長く居るタイプで、最初はメキシコシティー。3週間ほど滞在していた。旅ビギナーかつ心配性の私がしょっぱなからメキシコなんて、今思うと冒険だ。

滞在先の日本人宿には居住者もいて、「T地区は危険だから行っちゃダメだよ」と教えてくれた。また、旅人が情報を書き込むノートには「T地区で強盗に襲われた」という不穏な体験談もあった。スリならまだしも、馬乗りになって殴られたらしい。怖すぎる。

注意を払いつつ、私たちは毎日街を歩いた。何日もいると、屋台や市場での食事にも、地下鉄や路面電車にも慣れてくる。スペイン語が少しわかるようになると街歩きはますます楽しくなり、積極的に初めての場所を開拓していった。

ある日、目的のエリアを歩いていると、いつの間にか街の雰囲気が変わっていることに気づいた。通りにはごみごみした露店がひしめき、地べたに敷かれたシートに衣料品などが乱雑に積まれている。人が多いわりに活気がないというか空気が淀《よど》んでいるというか、端的に言えば治安が悪そう。

もしやここはT地区では……？　どうやら気づかないうちに足を踏み入れてしまったらしい。

どうしよう、早く抜け出さなきゃ。だけど私も夫も方向がわからない。いつもなら人に道を尋ねるが、治安の悪い地域でそんなことをしたら何が起こるか。

道に迷った観光客であることがバレないよう、『地球の歩き方』から切り取ってきた地図をできるだけこっそりと見た。すると、地図に載っているエリアからはみ出ていることがわかった。これじゃあ地図の意味がない。スマホはあるけどWi-Fiがないとネットを見られないし……。

ただ、地図のおかげで南に向かえばいいことはわかった。しかし、南がどっちかわからない。時刻は午後3時。日本なら太陽は……南西？　日本の太陽の方角すらわからないのに、メキシコの太陽なんてわかるか！

そのとき、夫が鞄からスッと方位磁石を取り出した。持ってたんだ！　夫は神妙な面持ちで方位磁石を見つめる。街で方位磁石を使う人、初めて見たな。

「こっちだ！」

おかげで南がわかり、私たちは足早にT地区を去った。

本当に肝が冷えたし、あらためて方位磁石の偉大さを思い知ったのだった。

第四歩

地形を知る

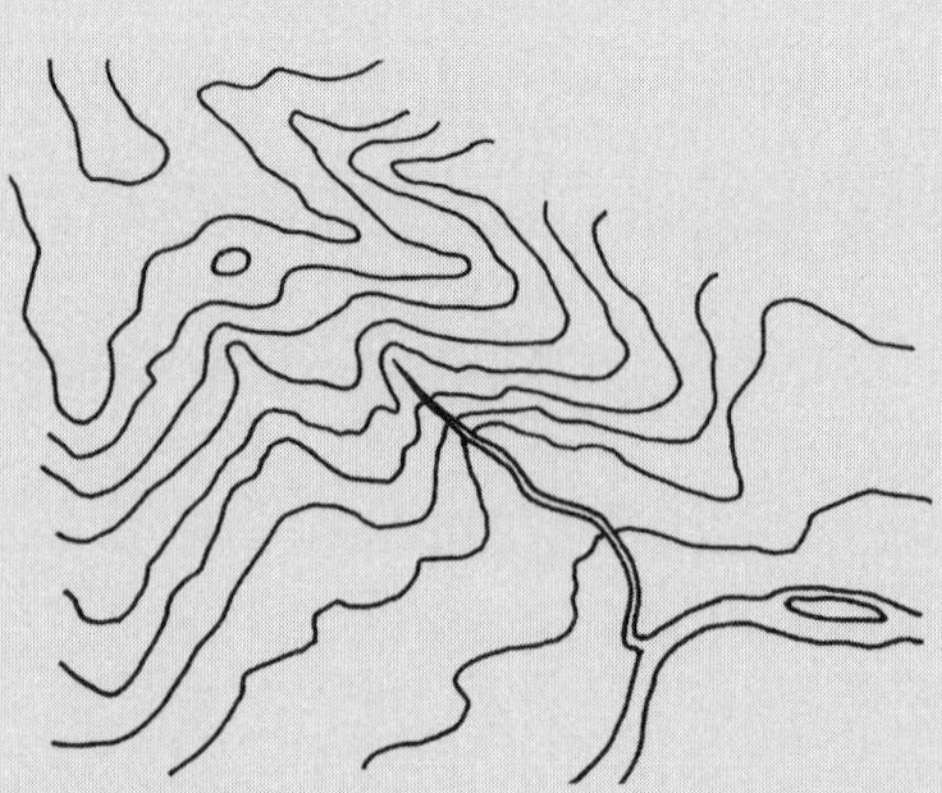

教えて、先生！

東京スリバチ学会会長に聞く

凸凹地形の味わい方

東京の街を歩いていると遭遇する坂や階段、川、池。普段ほとんど意識することなんてないけれど、実は街歩きをするうえで注目すると面白いポイントらしい。

そこでお話を伺うことになったのが、凸凹地形を愛する地形マニアの皆川典久さん。特に好きなのはスリバチ状の窪地や谷間だそうで、『東京スリバチ学会』を設立し、数々のフィールドワークやイベントをおこなっている。

地形の魅力って一体なんだろう？

なぜそこまでスリバチ地形を偏愛しているの？

私は社会科の授業で習ったもののまるで地形に興味を持てなかった。そんな私でも、地形の面白さを理解できるのだろうか。

皆川 典久

みながわ・のりひさ　東京スリバチ学会会長。2003年、石川初氏と東京スリバチ学会を設立。谷地形に着目したフィールドワークと記録を続ける。『凹凸を楽しむ東京「スリバチ」地形散歩』（宝島社）など著書多数。

地形に目覚めたきっかけ

吉玉　皆川さんは幼い頃から地形に興味があったんですか？

皆川　いえ。僕は群馬県前橋市の出身で、生まれ育った場所は平坦なところでした。上京してから東京の人にバカにされないよう歩きまわってみたら、坂が多いなあと気づいて。これって東京特有の地形なのかなと。

吉玉　それがきっかけだったんですね。

皆川　2003年ごろに「カシミール3D」というソフトに出合って、自分で地形図を作れるようになってから本格的に地形にハマったかな。これ、標高○m以上のところは緑色、△m以上は黄色……というように地図を色分けして、見た目で凹凸地形がわかる優れもの。国土地理院が防災的見地から公開している標高データを使ってるんです。

吉玉　そんなソフトがあるんですね。

皆川　「カシミール3D」の功績は大きいですね。山岳地帯の凸凹地形を表す地図はそれまでもあったけど、東京の微地形や土地の高低差を表すツールはなかったから。東京の地形が可視化されるようになって、「さっきの坂の周辺はどんな地形だったのかな？」と3D地形図を見るようになって。ますます街歩きが楽しくなりました。

吉玉　初歩的な質問で恐縮ですが、地図と地形図の違いを教えてください。

皆川　普通の地図は、標高の情報は書かれていません。どこが高くてどこが低いかわからない。それに等高線を加えたのが地形図です。

吉玉　街だと標高の情報はどんなメリットがある

んでしょうか？　山だと標高は重要ですが……。

皆川　地形図の情報には地図だけじゃわからないことが含まれています。僕は崖とか土地の凸凹が好きで、特に偏愛しているのがスリバチ地形！　大好きなスリバチも地形図ならすぐに見つけられる。スリバチの底は猫が多かったり、川の痕跡が残っていたりして面白いんですよ。

吉玉　川の痕跡？

皆川　暗渠《あんきょ》です。川に蓋をしたものを暗渠というんですよ。蓋がされているから水は見えないんですけど。暗渠ファンは多いですよ。『ブラタモリ』出演時にタモリさんも言ってましたが、水のある川より水のない川のほうが萌《も》える。

吉玉　私の知らない世界があるんですね……。蓋がされていても暗渠ってわかるものですか？

皆川　慣れてくるとね、誰でもわかるようになりますよ。住宅地の中に突然うねうねした路地が現れるから。暗渠の周辺にはクリーニング屋さんや銭湯、お豆腐屋さんが多かったり。

吉玉　水がきれいだからですか？

皆川　いえ、水を捨てやすいからだと思います。

吉玉　なるほど。そういう豆知識好きです！

街にはそれぞれの「萌えポイント」がある

吉玉　さきほど暗渠に萌える話が出ましたが、暗渠以外でグッとくるものはありますか？

皆川　スリバチの谷底にひっそりと残るレトロな街並みですね。東京の谷間には長屋とか木造住宅とか、庶民的な街並みが残っている。「坂下の商店街」といって、震災復興や戦災復興、高度経済成長期に急ピッチで開発されたところが多いんです。

谷中銀座や駒込銀座、戸越銀座などの商店街が該当します。

吉玉　台地より谷間のほうが、歩いていて楽しいですか？

皆川　台地の上は高級住宅地や公共施設が多いのですが、閉鎖的だし敷地が広いので歩いていても飽きちゃう。その点、谷間は一軒一軒のスケールが小さくてギュッとしてるし、いろんなお店があるから飽きないんです。肉屋さんがあればコロッケやハムカツを買って食べたりとか、和菓子屋さんがあればおみやげにみたらし団子やいちご大福を買ったり。

吉玉　食べ歩き、楽しそうです！

皆川　あと、スリバチの底では湧水が見られることもありますよ。谷間の先端部分って、もともと水が湧いていたんです。おとめ山公園とか麻布十番の善福寺とか、スリバチの湧水スポットは意外と都心にもたくさんありますよ。

吉玉　こんなに都会なのに水が湧いてるなんて。

皆川　明治神宮御苑の「清正の井」は行ったことありますか？　けっこうな量の水がコンコンと湧き出てますよ。まさに都会のオアシス！　大地の神秘を感じる。こういうパワースポットが谷の先端部分すべてにあったんだなって考えると……いいよねぇ。

産業も歴史も、すべては地形につながる

吉玉　皆川さんは歴史にも詳しいんですか？

皆川　授業の歴史は苦手でしたが、歩いて疑問に感じたらいろいろと知りたくなります。たとえば城跡を見つけたら、「誰の城だったんだろう？」

とか。江戸時代から明治にかけて街がどのように開発されたかとか、土地の変遷や歴史も調べると面白いですね。地形は歴史を読み解くきっかけになりますよ。

吉玉　地形や歴史を知ることで、よりその街を好きになれますか？

皆川　そうそう。自分の住む街もそうだよ。意外と地元のこと知らないんだよね。でも知ると愛着が湧く。先日、千葉へ出かけて梨を食べてきたけど、千葉はなんで梨が有名かといえば、「下総台地」の畑が梨の産地なんです。そこは台地で水はけがよくて水田に向いてない。昔はお米を作るのが一番儲《もう》かったけど、お米が作れないから梨を作ったんだね。それが今や名産品になってる。

吉玉　産業も地形と関係してるんですね。

皆川　名古屋、大阪、新潟、仙台といろいろ出かけたけど、どこに行ってもかならずその街特有の地形があって、歴史や産業、文化にも深く影響している。地形を知ると、ガイドブックでは紹介されないリアルな街の姿を知ることができるんです。

吉玉　地形マニアの方は全国にいるんですか？

皆川　いるいる。僕は『東京スリバチ学会』で活動をしていて全国でも街歩き企画をやっています。「あいちトリエンナーレ」のとき、地形をテーマに街歩きを企画したら、地元の人たちが参加してくれて。「こんなに面白い街歩きがあるんだ！」って地形に目覚めて、それをきっかけに自分たちで『名古屋スリバチ学会』を立ち上げたんだよ。そういう会が仙台や秋田、埼玉や千葉にもあります。

吉玉　地元を見る目が変わりそうですね。見慣れた風景も、地形に着目すると違う見え方しそう。

皆川　そう。「地元も捨てたもんじゃないな」って発見があると思いますよ。

いにしえの街を妄想散歩

吉玉　皆川さんは街を歩きながら、昔の街並みをイメージしたりしますか？

皆川　しますね。「この場所、昔はどういう土地利用をされていたのかな？」とか想像します。

吉玉　昔の地図を見たりも？

皆川　はい。古地図も面白いんだよねぇ。今いる場所の、明治や昭和の古地図が見られるアプリがいろいろあって。明治時代と現在を見比べながら歩けるんですよ。大学や病院があるところは大名屋敷だったり、下町は昔から下町だったり。街の成り立ちの法則性みたいなものがわかるんです。

吉玉　面白そうです……！

皆川　あと、古くからある道「古道」もいいですよ。鎌倉街道とか旧奥州街道とか。

吉玉　電車がない時代に人が行き来していた道ですね。

皆川　古道はね、お地蔵さんや庚申塔《こうしんとう》があるんですよ。あと古いお寺や神社。そういうのがある道はだいたい「いにしえの道」です。

吉玉　古道ってそんなに残っているものなんですか？

皆川　道は意外と残ってるね。都市開発で消えちゃう場合も多いし、建物は残ってないけど。古道は妄想が広がって飽きないですよ。「ここは昔の人が京都から東北に向かうため歩いた道なんだなぁ」とか。何気なくある石碑や石仏も、いにしえの人に思いをはせると、語りかけてくるものがありますね。

北を感じる？　絶対音感ならぬ、絶対方向感覚

吉玉　皆川さんは道に迷うことありますか？

皆川　あまりないかな。吉玉さんは今、北がどっちかわかりますか？

吉玉　えっと、わからないです。わかるんですか？

皆川　あっちですよね（指差す）。僕、どこにいても絶対に方角がわかるんです。

吉玉　脳内の地図と照らし合わせることなく？

皆川　うん。考えなくても、なんとなく「こっちが北だな」とわかるんですよ。だから地図もすぐに北を合わせることができる。地図さえあればどこへ行ってもあまり迷うことはないかな。

吉玉　それは生まれつきですか？

皆川　生まれつきというか、絶対音感みたいな感じの「絶対方向感覚」でしょうか。周りに指摘されるまで、誰もが普通にこの方向感覚を持ってると思っていました。だから道を聞かれても、「西に200m進んでから交差点を北東に曲がってください」とか答えていたんです。でも、それで通じない人が多いことを知りました。悪いことしちゃったな（笑）。

吉玉　私ならまず間違いなくわからないです……。

皆川　渡り鳥はきっと方角がわかりますよね。動物はみんな、その能力を持っているんだよ。だから人によっては、その能力が残っているんじゃないかな。

吉玉　私、その能力が退化してます。

皆川　いや、人として進化しちゃったんだよ（笑）。

吉玉　絶対方向感覚、後天的に養うこともできると思いますか？

皆川　うーん、これは鍛えられないんじゃないかなぁ。だって僕も教えられないもん。鳥が人に飛び方を教えられないように。北はね、考えてもダメ。感じるしかない。

吉玉　北を感じる……！　あの、そもそも方向音痴はなおると思いますか？

皆川　方向音痴はなおらないんじゃないかなぁ(笑)。

吉玉　！（企画が根本から否定されてしまった！）

皆川　でもね、迷うことも楽しいよ。特に23区内は公共交通がしっかりしてるから、迷子になってもなんとかなる。昼間ならバスもいっぱいあるし。迷いながら見知らぬ街の地形や雰囲気を感じるのもいいものですよ。「ここは昔、川があったのかな？」とか「この辺はきっと江戸の頃は下級武士が住む場所だったはず」とか。

吉玉　迷子を楽しむ発想、ありませんでした。私の目標は「知らない街を散歩できるようになること」なんですが、もしかして目的地に着こうとしなくてもいいんでしょうか？

皆川　いいと思うよ。目的地を定めず気ままに歩くのが本来の散歩の醍醐味。偶然出合ったものに歴史の痕跡が刻まれていたり、ひとつひとつ読み解きながら歩くと、東京ってものすごく歩き甲斐《がい》があることがわかりますよ。海外とか行かなくても、地元で充分に楽しめるし冒険気分に浸れる。

吉玉　たしかに、東京でも行ったことない街がたくさんあります。

皆川　まずは自分の好きなものに注目して歩いてみるといいよ。スリバチ学会で何人か一緒に歩くこともあるけど、みんな好きなものが違うんですよね。マンホールマニアもいれば、商店街好き、植物好き、猫好きなど趣向はさまざま。好きなものを追いかけて、はぐれる人もしばしば。ゴール前には人が減っていたりして（笑）。好きなものを極めると、きっと世界が変わりますよ。

映画『君の名は。』のラストシーン新解釈！

吉玉　私も皆川さんのようにスリバチ散歩をしてみたいです。おすすめのスリバチはありますか？

皆川　新宿区の荒木町ですね。花街《かがい》ってわかるかな、芸者さんたちのいる街。明治から昭和にかけて、荒木町はそういう花街だったんですよね。その名残で、今でもチェーン店じゃなく個人商店や飲食店が集まっている。隠れ家的な独特の雰囲気があって面白いよ。スリバチ状の地形が興味深くて、江戸時代の大名庭園だった場所に池がひっそりと残っていたり、ダムもそのまま残っています。

吉玉　江戸時代にダム？　人力で作ったんですか？

皆川　おそらく当時、人力で谷を埋めたんだろうね。あと、映画『君の名は。』のラストシーンを覚えてますか？

吉玉　はい。階段で三葉と瀧くんがすれ違うシーンですよね。

皆川　あの階段は、四谷の鎮守・須賀神社のすぐそばです。東京は谷と丘ではずいぶん街の表情が違う。風景の違いだけじゃなくて、実は「世界」がちょっと違うんですよ。丘の上は閑静な高級住宅地、谷底が庶民的な街といった感じで。そして「谷の世界」と「丘の世界」をつなぐのが階段なんです。

吉玉　階段によって、ふたつの世界を行き来できるんですね。

皆川　そう。『君の名は。』もそういう話だよね。三葉と瀧くん、まったく違う日常を生きてきた2人が出会う。2つの世界、2人の世界が交わるのが階段って、すごく象徴的だなぁと思います。

吉玉　地形マニアならではの解釈ですね……！

皆川　東京は、谷の世界と丘の世界がパラレルに隣り合っている。けれども、ほとんどの人は東京の一面しか見ていない。だから今いる世界とは異なる、もう一面の顔を知ると面白いですよ。

地形街歩きは海外でも！

吉玉　皆川さんは街歩きをする際、現地に行く前に地図で予習しますか？

皆川　最近はそうしています。見るポイントを探しやすいし、確実に面白いところに行けるからね。

吉玉　実際に行くと、予習していたイメージと違いますか？

皆川　イメージと違って驚くこともあるけど、イメージどおりでまた驚くことも多いですね。「あー、やっぱりこうなってるんだ」と。たとえばその街で一番有名な神社は、だいたい高台とか台地の突端にあるんですよ。そういう共通のルールは日本全国どこでも見られる。台地の突端にある建物って、たいていは軍事的な施設か信仰上の大切なものなんです。

吉玉　外国だとどうでしょう？　たとえばペルーやボリビアは、スリバチの下のほうにお金持ちが住んでいますよね。お金持ちは標高が低くて酸素が濃いところ、貧しい人は薄いところだとか。

皆川　そうなんですか！　東京の逆ですね。東京はお金持ちが丘の上だから、国によって違いがあるのも興味深いですね。けれど日本も外国も、やっぱり地形と歴史は紐《ひも》づいているんだよね。自分が旅行したローマやパリも、丘の上は高級住宅地だった。ローマがユニークなのは、コロッセオや戦車競技場（チルコ・マッシモ）などの娯楽施設が谷底にあること。政治家や資本家は、民衆をそれでガス抜きさせて政治を安定させたんだね。歴史的に谷底は洪水が起きやすくて、だからそこに庶民の娯楽施設を作らせて自分たちは丘の上に居を構えた。

吉玉　お金持ちは安全な場所に住んでいるんですね。

皆川　そう。パリも、マレ地区とかセーヌ川沿いの低湿地は洪水が起きやすいから下町風情の街になってる。イタリアの山岳都市ではスリバチ状の谷間に広場があって、そこには必ず井戸があった。昔の人は水が湧き出る場所に広場を作って、井戸端会議をやってきたんだね。

吉玉　そういうことを考えながら歩いたら、ただ観光地を巡るよりも街の地理や地形が記憶に残りそうです。

皆川　旅先だけじゃなくて、日常的に歩いてる街でも同じような気づきがありますよ。吉玉さんが今まで見てきた街の風景は「その街の一面」だったのかもしれない。もうひとつの顔を知るきっかけが、実は地形にあるんです。

吉玉　迷ってもいいから歩いてみます！

皆川　ぜひ気ままに迷って、偶然出合う未知の世界にワクワクしてみてください！

四谷で散歩チャレンジ！

地形マニアのガイドで凸凹地形散歩に挑戦してみる

今回は地形に着目して歩いてみる。

しかもなんと、話の流れで皆川さんがガイドをしてくれることに！

私のような散歩素人がそんな『ブラタモリ』みたいな体験をしてしまっていいのだろうか。地形のことなんて何ひとつわからない私に、知識の宝庫である皆川さんのガイド。まさしく豚に真珠だ。

散歩の舞台は、新宿区の若葉〜荒木町。皆川さんのお話に出てきた、スリバチ地形が面白い場所だ。

はたして、方向音痴は地形散歩を楽しめるのだろうか？

無知すぎて楽しむポイントがわからなかったらどうしよう……。

突然ブワーッと「理解」が訪れた

やってきたのはJR信濃町駅。皆川さんと、担当編集の中村嬢と待ち合わせる。信濃町駅で下車したのは初めて。早く着いたので、❶駅の壁に掲示された地図を眺める。

この企画を始めて、駅に掲示された地図はかならずしも北が上じゃないことを知った。東を向いて見る地図は東が上というように、方向に合わせて掲示されていることが多いそうだ。

ということは、この地図の上は私から見て前、下は後ろ、左右は変わらないのだな。

……と眺めていると、突然ブワーッと理解が訪れた。

これって、壁ごと90度倒して地図を床に置いたイメージで見るんだ！

いや、知ってる人にとっては「何を今さら」だろう。しかし私にとっては大発見だ。悟りを得た気分。

そうこうしているうちに全員集合した。

皆川　今日は方向感覚が狂いそうな場所ばかりですが、まずは凸凹地形を楽しみ

ましょう。

皆川さんは、本日のルートをばっちり決めてきてくれた。それどころか、地形図や江戸時代・明治時代の地図まで用意してくれている。ありがたや。

皆川　さっそくですが、北がどっちかわかりますか？

駅の地図を見ると、端に方位磁石のようなマークとNの文字。脳内で地図を90度倒してNの方向を指すと、「ん〜、微妙に違うなぁ」と苦笑いされた。

地図の見方がわかってもなお、絶望的に方向感覚がない。

暗渠、水路の名残、お稲荷さん……いたるところに歴史の痕跡が

駅を出て、外苑東通りを南に進む。なぜ南とわかったかと言えば、皆川さんが「南に歩きます」と言ったからだ。こっちは青山方面だそう。

少し歩くと、❷窪地を見下ろせる場所に出た。

皆川　この谷が千日谷《せんにちだに》。四谷にある4つの谷のうちの1つです。江戸時代からこの名前で、千日の供養がおこなわれたお寺があることからその名が付けられました。まずは千日谷に下りてみましょう。

交通量の多い大きな道から小さな通りへ入り、そこそこ急な坂道を下る。どこか懐かしい住宅地。一本裏道にそれただけなのに、雰囲気ががらりと変わった。坂を下りきると千日谷。まさにスリバチ（窪地）だ。

皆川　ほら、③この道ちょっとクネクネしているでしょう？　ここが谷底で、古くは川が流れていたんですよ。

この前皆川さんに教えてもらった暗渠だ。初めて見る。いや、今までは見ても暗渠だと気づかなかったんだろうな。

吉玉　今も、この道路の下には水が流れてるんですか？

皆川　たぶん。雨が降れば、ここに水が溜《た》まるからね。

皆川さんは足元のマンホールを指差す。

皆川　この穴のあいたマンホールは、地下に水を流すためのマンホールなんです。この下に下水管があって、雨水を集めるんですよ。

言われてみれば、普通のマンホールとは蓋が違う。

しばらく谷底のクネクネした道を歩いた。皆川さんは「丘の上は閑静な高級住宅地、谷底は庶民的な街」とお話されていたが、たしかにけっこう古そうな民家もある。信濃町なんて都心だし少し歩けば赤坂なのに、こんなにもほっとする家

並みがあったなんて……。

皆川　この辺、住宅地になる前は田んぼだったんですよ。この❹植え込みがある細い土地は田んぼの水路の名残で、公共の土地です。

　そこは、隣り合ったマンション同士の隙間にある60～70㎝ほどの植え込みだ。なるほど、水路だったのか。植え込みの両端のブロックには「道界　新宿区」と書かれたプレートが埋められている。公道と民有地との境を表すものらしい。

　JR・高速道路のガード下を通り抜けると、急な傾斜の上り坂があらわれた。皆川さんはさすが歩き慣れているだけあり、涼しい顔ですたすた歩いていく。私も中村嬢も登山をする人間なのでついていけるが、普段運動をしない人なら息を切らすかもしれない。そのくらいの坂。❺てっぺんまで上って振り返ると、歩いてきた場所が谷だったことがよくわかった。

皆川　あの一番低いところが谷底で、川が流れていたところ。正面の丘にあるのが明治記念館。大きな建物は丘の上にあって、谷底は庶民の街なんだ。JRと高速道路がその真ん中を分断してる。

　ちょうど、大きな音を立ててJRが通過していった。丘の上と谷底を隔てているように見える。

皆川　信濃町って名前は、信濃（今の長野県）守を名乗るお殿様のお屋敷があったから。江戸時代は、諸国の大名が徳川幕府からお屋敷を与えられていたんだよ。お屋敷町だったところは今も生け垣や立派な木が残っているね。

丘の上のお屋敷町を歩き、しばらくするとまた谷へ。坂を下っていくと、今度は雰囲気の変化が如実にわかった。

皆川　[6]この辺はお寺が多いね。江戸のお寺は丘の上、または谷底にあるんだ。庶民のお寺は谷、将軍家のお寺は丘の上。

吉玉　じゃあ、この辺りのお寺は庶民のお寺なんですね。

皆川　おそらく。幕府が都心にあったお寺を郊外に移転させたものだと思う。今はここも都心だけど、当時は郊外だったから。

吉玉　当時の都心って、今のどの辺ですか？

皆川　番町、麹町、日本橋辺りかな。

皆川さんがあまりにも[7]狭い路地をずんずん歩いていくので笑ってしまった。人ひとりがやっと通れるくらいの、民家と民家の隙間だ。私有地ではないだろうが、住人でもないのにこんな道を通る人いる？　子供時代の探検ごっこを思い出す。

路地を抜けたところで、皆川さんは「何か気づきませんでしたか？」と言った。

⑥

⑦

吉玉　ええと、細い道だから……川だったとか？

皆川　そう。川だった証拠が目の前にありますよ。

なんだろう。周囲をキョロキョロ見まわすもわからない。

皆川　吉玉さんの足元、川に架かっていた❽昔の石橋ですよ。コンクリートで補強してあるけど、舗装するとき石橋を残したんですね。

そう言われて足元を見ると、たしかにコンクリートがボコッと隆起している。石橋だったのか……！　言われなければ何も気づかず通り過ぎただろう。

歩いていると、路地の奥に黒猫を見つけた。デレデレで猫を撮影する私と皆川さん。猫は怪訝《けげん》な表情でじっとしている。住人以外通らないようなところに見慣れない人間が3人も来て、驚いたかな。

大きな道路を渡ると、❾赤い鳥居が見えた。「せきとめ稲荷」と書かれている。この辺一体が、古くは鮫ケ橋《さめがはし》谷と呼ばれていたそうだ（鮫河橋と表記する場合も）。

皆川　ここに川を堰《せ》き止める小さなダムのようなものがあって、野菜の洗い場になってたんだね。その傍らにお稲荷さんがあって、それだけが残っています。

せきとめ稲荷の隣は、みなみもと町公園。

皆川　ここは鮫ケ橋谷の下流で、2本の川が合流する地点。だから水が溜まりや

8

9

すく、洪水が起きやすい。そのため、この公園の地下には「地下神殿」とも呼ばれる貯水池があります。コンクリートの高い柱が何本も立っていて、その下に雨水を一時的に溜め、雨が上がったら流すんです。

その光景を想像したらワクワクした。「地下神殿」はたまに一般公開されるそう。行ってみたい！

吉玉覚醒!? 急に方角を当てられるようになる

皆川さんは、「こっちが赤坂で、あっちが信濃町駅で……」と方向を指し示して説明してくれた。私が「じゃあこっちが南ですか?」と指すと、正解だったようだ。

皆川　おっ、方角がわかるようになりましたか！

信濃町駅からどの方角に歩いてきたかはわからない。ただ、歩きだしたとき「南が赤坂方面」だったのを覚えていたのだ。

皆川　では、次は鮫ケ橋谷を上流に向かって進みましょう。北に進みます。

進行方向が北だな。方角を見失わないよう、北を心に留めて歩きだした。

皆川さんに連れられ、⑩細い道をクネクネと進む。曲がり角を曲がるたび、頭の

⑩

中で北を確認した。北と私が糸で結ばれ、その糸をたどっていくイメージだ。

やがて2つめの谷・⑪鐙ケ淵に到着した。鐙《あぶみ》は、馬に乗るとき足をかける道具。源義家がここに鐙を落としたという言い伝えがあるらしい。

ここで、皆川さんによる方向確認。

皆川　北はわかりますか？

吉玉　あっちですよね。

進行方向を指すと、皆川さんと中村嬢から「すごい！」「当たってる！」と驚きの声。えへへ。

吉玉　さっき北に進むとおっしゃったので、それからずっと北を意識してたんです。

皆川　でも、何度も曲がってるのに北がわかったのは成長ですよ！　曲がり角も90度ばかりじゃなかったし。

たしかに、大きな進歩だ。ずっと意識していたにせよ、前はそれすらできなかったから。

少し進むと3つめの谷・⑫若葉公園が見えてきた。まさにスリバチの底にあり、階段を下りて公園に入る。

⑪

⑫

皆川　この公園では湧水が見られますよ。あんまり綺麗《きれい》な水じゃないけどね（笑）。

公園の縁に高い石の塀があり、その脇の溝に水が溜まっている。これが⑬湧水か。なんだか想像と違う。小さな泉がコポコポ湧くイメージだったが、意外と広範囲に流れていて、どこから湧き出ているのか肉眼では確認できなかった。知らないと「水溜まってるな～」くらいにしか思わないだろう。

ベンチでひと休みし、地図を見る。皆川さんと中村嬢が嬉々《きき》として、「信濃町駅はどっちでしょう？」「これから行く須賀神社はどっちでしょう？」と質問してきた。

北がわかっている現在、地図の上を北に向ければいいわけで……。

吉玉　あっちが信濃町駅、こっちが須賀神社ですね。

指をさすと、拍手喝采を浴びた。地図を読めただけでこんなに褒められる大人、私くらいでは？　特に中村嬢は、連載初期のもっと方向音痴がひどかった頃を知っているため、「吉玉さんが方角を当てるなんて……！」と感激している。

皆川　千日谷、鎧ケ淵、若葉公園と3つの谷を通ったでしょう。4つめは鮫ケ橋谷の上流部分。4つの谷があるから四谷なんです。まぁ、ほかにもいろんな説があるんだけどね。

⑬

歩いているときは微妙だった谷の位置関係も、地図上で示されると理解できた。

映画『君の名は。』のラストシーンの階段

次に向かう須賀神社には、映画『君の名は。』のラストシーンの舞台となった階段がある。皆川さんが「丘の上と谷底、ふたつの違う世界をつなぐのが階段。瀧くんと三葉ちゃん、ふたりの世界が階段で交わるのは象徴的」とお話されていた、あの階段だ。ちなみにうちの夫は『君の名は。』が好きで、私も一緒に3回ほど観ている。

吉玉　『君の名は。』の瀧くんの高校、すごい都心にありますよね。初めて入れ替わったとき、三葉ちゃんがグーグルマップ見ながら高校に行くの、よくたどり着けたなぁと思いました。

方向音痴の人、そう思わなかった？

歩いていると、⑭レトロなマンションを見つけた。外壁がスミレ柄（？）のモザイクタイルだ。タイル一枚一枚が親指の爪くらい小さい。

吉玉　この壁すごくないですか!?　タイル、すっごく小さいですよ！

⑭

皆川　これはね、30㎝四方くらいのシートにあらかじめタイルが貼られた製品で、それを壁に貼っていくんだよ。小さなタイルを一枚一枚壁に貼り付けてくんじゃ大変だから（笑）。

皆川さんは知らないことがないのだろうか。気づけば地形以外のことも教わっている。

そのうち⑮須賀神社に到着した。鳥居があるほうではなく、地味な入り口から入る。平日の夕方ということもあり、とても静かだ。

とりあえずお参りをする。イラストが上手な絵馬が多い。『君の名は。』の影響でアニメファンが多く来ているからだろうか。

本殿の脇からは、⑯谷底にある住宅地を見下ろすことができた。

皆川　ここが台地の際で、その北側が鮫ケ橋谷のいちばん上流部分です。谷が始まるところですね。今は水が残ってないけど、こういう地形は湧水が作ったんですよ。谷の先端から水が湧いて、川になって流れていく。その先端です。

吉玉　なるほど（と言ったもののイメージできてない）。

皆川　あの丘の上に甲州街道が走っていて、そこが分水嶺だったんですね。甲州街道の向こうは、違う川が反対方向に流れていたんだよ。

⑮

⑯

分水嶺という言葉を初めて知った。要するに、標高の高い尾根が川を隔て、異なる川同士の境界線となっていたようだ。

鳥居を出るとすぐ階段があり、中村嬢と「あったあった!」とはしゃいでいたら、皆川さんに「あ、映画の階段はそれじゃないです」と言われた。お恥ずかしい。本物の[17]「ラストシーンの階段」はその奥にあった。

吉玉　あのシーン、たぶん2人は通勤途中で、それぞれ別の駅から来てここですれ違うんですよね。通勤でここを通るってことは、職場はどこなんでしょう?

皆川　どこなんでしょうねぇ。瀧くんが採用試験を受けていたのは、新宿センタービルにある大成建設でしたけど。

……皆川さん、知らないことないんですか?

己の無知を思い知るアカデミック散歩

例の階段を下り、谷底の街を北へ歩く。なぜ北とわかったかと言えば、地図を見たからだ。

小高い場所にあるお寺の階段を上ると、[18]街を見下ろせた。さっき須賀神社から

17

18

見た鮫ケ橋谷の起点を、別角度から眺めるかたちだ。上から見るとスリバチ地形がよくわかる。

道に戻ると、別のお寺の前に誰かの像があった。

皆川　これは弘法大師、つまり空海ですね。水源とか、水に関するところは空海の像が多いんですよ。空海が杖《つえ》をついたら地面から水が湧き出た、って言い伝えのある場所がたくさんあって。僕は湧水を巡っているから、あちこちでよく空海に出会うんですよね。

吉玉　空海が湧水を作って、皆川さんがそれを巡ってるんですね。

1000年以上の時を経て湧水でつながる空海と皆川さん。話のスケールが壮大すぎる。

やがて大きな道路に突き当たった。一部が甲州街道と重なっている新宿通り[19]だ。駅で言えば四谷三丁目駅の近く。

皆川　ここが分水嶺、つまり尾根です。江戸時代に作った甲州街道は、尾根を巧みに利用したんですね。自然の地形に沿って道を作ったから、まっすぐではなく曲がっているんです。

尾根とは、山地のもっとも標高が高い部分の連なりのこと。山では意識する尾

根も、下界では意識していなかった。
信号の標識を見ると、「津《つ》の守坂《かみざか》通り」とある。

皆川　この名前がついたのは、この先が松平摂津守《まつだいらせっつのかみ》のお屋敷だったからです。

吉玉　そうなんですね。

いかにも松平摂津守を知ってるかのような相槌《あいづち》を打ったが、誰のことやらわからない。あとで調べたら江戸時代の大名だった。

レトロでほっとする荒木町商店街

新宿通りを渡るとすぐに荒木町商店街。交通量の多い新宿通りとは打って変わって静かだ。チェーン店ではない、小さな個人店がひしめいている。赤提灯《あかちょうちん》やスナックや喫茶店、中華やお寿司屋さんなど、新しそうなお店もあるものの全体的にレトロな雰囲気。

商店街は一本道ではなく、大小さまざまな道が複雑に入り組んでいる。これは迷いそう……。

⑳路地に石畳が敷かれているのを見つけた。

皆川　これは路面電車の敷石ですね。昭和40年ごろまで、甲州街道には路面電車が走っていたんですよ。電車が廃止されたとき、商店街の人たちが敷石を貰《もら》ってきたんだろうね。

[21] その先の公園にはたくさんの提灯が下がり、塀には石造りのお稲荷さんがいた。

皆川　ここは検番（見番と表記することも）っていう、芸者さんの取り次ぎをする建物があった場所です。

公園の隣は、皆川さん行きつけのとんかつ屋さん『鈴新』。マスターは「荒木町を発見する会」として活動しており、皆川さんもイベントにゲストで出たことがあるそうだ。

小さな路地を抜けて坂道を下っていくと、とあるお店の看板が目についた。崩した筆文字で「○コーヒー藤々《ふじふじ》」とある。コーヒー藤々は読めるのだが、その上の漢字一文字が読めない。

吉玉　この看板、なんて読むんでしょう？

皆川　なんでしょうね？

皆川さんでも知らないことがあるなんて！

吉玉　鍋コーヒーですかね？

皆川　いや、鍋ではないでしょう（笑）。熱燗《あつかん》の燗じゃないかな。

検索したら『燗コーヒー藤々』だった。鍋じゃないよな。

皆川さんは、すぐ向かいにある一見すると電柱のような柱に触れた。おそらくは石でできていて、表面に溝が彫られている。どこかヨーロッパ風で趣があるデザインだ。

皆川　これは[22]民有灯といって、地元商店街が設置したものですね。もともとは街路灯のように、上に灯《あか》りがついていました。

少し行くと、アパート同士の間に長くて急な階段があった。傾斜の角度から、高低差が大きいことがわかる。散歩中の犬が軽快に駆け上がっていった。

皆川　ここはね、通称[23]モンマルトルの坂。

吉玉　四谷を歩いていたはずがいつの間にかパリに……。

皆川　そう呼ばれてるんだよ（笑）。

小さな公園のような場所に行き当たる。赤い幟《のぼり》が何本もはためき、白抜きで[24]「津の守弁財天」と書かれていた。緑豊かで、池には亀や鯉《こい》がたくさんいた。

皆川　弁財天って水辺に多いんですよ。もともと水の神様だから。

吉玉　水の神様なんですね。金運のイメージがあります。

皆川　そうそう、金運や、あとは芸能の神様でもある。雨音が琴の音に似てるってことで音楽の神様でもあるし。芸事をしてる人たちの神様だね。
今日だけで、新しい知識をいくつ仕入れただろう？

荒木町を縦横無尽に歩きまくる。そして吉玉に変化が……

ここで明治19年（1886）の荒木町周辺の地図を見る。番地がないため、さっぱりわからない。皆川さんと中村嬢は「今この辺ですね」などと話している。なんでわかるの？

皆川　この辺一帯は松平摂津守のお屋敷の池だったんだね。さっきとんかつ屋さんの前を通ったでしょう。あの辺りから坂下は全部池だったんだよ。

吉玉　えっ、とんかつ屋さんからかなり歩きましたよ!?　池、とんでもなく大きいですね……。お屋敷は池のほとりにあったんですか？

皆川　お屋敷は、池を見下ろす一番いい場所にあったと思うよ。池を南に見られる場所。日当たりの関係で、日本人は南向きの庭を好むから。

吉玉　江戸時代も今も、太陽の向きは変わらないですもんね。

皆川　ここの地形の面白いところは、水の出口をダムで塞《ふさ》いだこと。江戸時代に人力でダムを作って水を堰《せ》き止めたんだけど、その痕跡がちゃんと残ってるんですよ。

これからそのダムの跡地へ行くことになった。江戸時代のダムってどんなだろう？　と思っていたら、㉕ただの石の階段だった。しかしけっこうな高さがある。重機のない時代、どうやってこの高さまで土を盛ったのか。

吉玉　人力で土を盛っても、盛ったそばから水で流されちゃいますよね？　どうやって作ったんだろう？

皆川　実は文献が残ってなくて、江戸時代にどうやってダムを建設したか、詳しい方法はわかっていないんです。でも、発掘したらダムの下に石組みの排水溝が見つかった。大阪の太閤下水に次ぐ、日本で2番目に古い排水溝だそうですよ。

凸凹地形を観察しながらクネクネ歩きまわるうちに、さっき前を通った㉖モンマルトルの坂に出た。さっきは階段を下から見たが、今度は上から見るかたちだ。階段を下りて歩くと、ふたたび津の守弁財天。弁財天の前をさっきとは違う方向に進む。

すると、前方に公園があらわれた。とんかつ屋さんの隣の、お稲荷さんがある

㉕

㉖

公園だ。さっきとは別の道から来たので、同じ公園だとすぐには気づかなかった。
　公園に入ると大きな木があり、立て札が立っていた。㉗明治5年（1872）のこの辺りの絵図だ。それを見ると、とても大きな池とお屋敷があったことがわかる。こういう絵図が残っているからこそ、100年以上前の地理がより詳しくわかるんだな。私のこの本も、100年後は貴重な資料かもしれない。
　商店街にぽつぽつと灯りが点《とも》ってきて、風情を感じる。皆川さんは、雑居ビルの通路を通って別の通りに抜けた。こういう通路を通るの、まさに〝散歩の達人〟の風格だ。
　出た通りは、荒木町の中では広めの㉘杉大門通り。夜が始まったからか、人の姿が増えてきた。

皆川　ここは古くからある通りで、お寺の参道だったんですよ。参道の両端に杉が植わっていたから、杉大門通り。

　歩きまわるうち、さっきも見たお店の前に出た。

吉玉　ここ、さっきも通ったところですね。

皆川　お、わかりますか。じゃあ、方向もわかりますか？

吉玉　えっと、こっちが北で、あっちが新宿通りですよね。

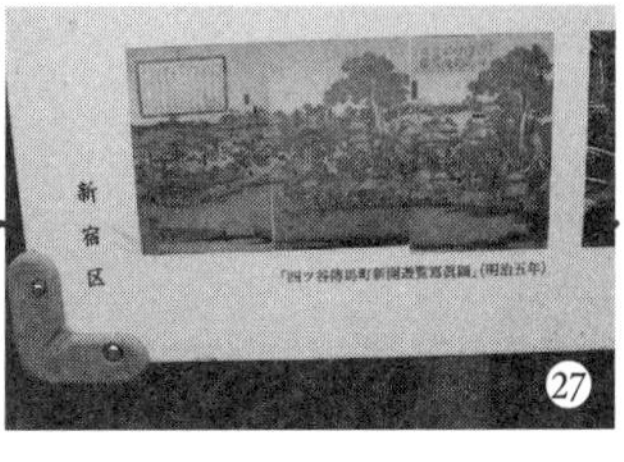
㉗

㉘

皆川　正解です！　だいぶクネクネ歩いたのに、把握できてるじゃないですか！

あれ、ほんとだ……！　特に考えなくてもすんなり方角が出てきた。自分でも不思議。

きっと、歩きまくって風景を覚えたからだろう。他の街に行ったら応用がきかないと思う。けれど「歩きまくれば多少は方角がわかる」ことが判明し、自信になった。

そもそも今回の目的は散歩を楽しむことだ。たっぷり楽しめたから花丸！

四谷三丁目駅で解散し、満足感を抱えて帰路についた。

―― 四谷　散歩チャレンジの道のり ――

N
0
200m
ダムの跡地
津の守弁財天
おもちゃ美術館
モンマルトルの坂
鈴新
杉大門通り
津の守坂通り
新宿歴史博物館
GOAL
消防博物館
東京メトロ丸ノ内線
四谷三丁目駅
20
四谷2
新宿
新宿通り
(甲州街道)
円通寺坂
四谷警察署
文四谷小
四ツ谷
真英寺
日宗寺
新宿区
須賀神社
『君の名は。』の階段
左門町
闇坂
外苑東通り
若葉公園
鎧ケ淵
四ツ谷
信濃町
慶應病院
新宿
START
信濃町駅
JR中央線
みなみもと町公園
鮫ケ橋せきとめ稲荷
首都高速新宿線
都営大江戸線
絵画館
明治記念館
千日坂
港区
赤坂御用地
赤坂御所

幼き日の、迷子の思い出

昔から方向音痴だが、子供の頃は意外と迷子になったことがない。1人で知らない場所に行く機会がなかったし、親と出かけても勝手にチョロチョロするタイプではなかったから。

そんな私にも迷子の思い出がある。いや、正確には迷子ではないかもしれない。

小3の冬休み、1人で短期のスキースクールに通うことになった。スキー場までは送迎バスが出ていて、最寄りの乗り場はセイコーマート（コンビニ）の前。自宅からはやや遠いため母が車で送迎してくれる。初日の朝、母はセイコーマートの前で車を停め「帰りのバスが着く頃、ここで待ってるからね」と言った。

その日のレッスンを終えた私は、バスに乗って帰ってきた。指定のバス停で降りるが、うちの車が見当たらない。あれ？　お母さん、どうしたんだろう？

しばらく待っても車は来ない。そのバス停を利用するのは私だけで独りぼっちだ。携帯電話のない時代に連絡手段はなく、私はぽつんと立ち尽くした。冬の札幌は寒く、ほっぺが冷たい。日没が迫り、だんだん空が暗くなっていく。

仕方ないので自力で帰ることにした。そこは校区外の知らない場所。当然どっちに進めばい

教えて、先生！

地図研究家に聞く

地名から紐解く街の成り立ち

地図・地形ときて、最後のテーマは地名。札幌の住所の話（P.85）でも触れたが、無機質な字面よりも特徴ある名前の方がイメージしやすくて覚えやすい。

ということは、地名に関する理解を深めることが街の理解につながり、方向音痴克服の一助になるかもしれない。

そんなわけで、地名に関する著書も多い地図研究家の今尾恵介さんにお話を伺った。地名は「ことば」なので、ライターの私にとって地図や地形よりとっつきやすいジャンルだ。

この連載を通じて、だんだん街の成り立ちに関心を持つようになった私。地名の魅力も、今なら理解できるかもしれない。

今尾 恵介

いまお・けいすけ　地図研究家、フリーライター。『ふしぎ地名巡り』（ちくま文庫）、『地図帳の深読み』（帝国書院）、『カラー版 東京凸凹地形散歩』（平凡社新書）など、地図、地名、鉄道に関する著書を多数執筆。

地名に興味を持ったきっかけ

吉玉　今尾さんは、どういうきっかけで地名に興味を持ったのでしょうか？

今尾　中1の社会科の授業で地形図を見て、それからですね。もう毎週のように地形図を買っては家で眺めて、あちこちに珍しい地名があることを知って。たとえば沖縄だと、城と書いてグスクと読む地名が多いとか。北海道も、関東で見たことがないような珍しい地名がたくさんあります。地方色豊かな地名が目につきました。

吉玉　私は北海道出身なんですが、たしかにアイヌ語の変わった地名が多いです。

今尾　アイヌ語から漢字の読み方に変更された地名も多いですね。たとえば月寒《つきさむ》などは、以前はツキサップって読み方でしたよね。それが、当て字の漢字に引きずられて月寒になった。あと、美深《びふか》町も、昔はピウカだったんですよ。

吉玉　初めて知りました。昔って、どのくらい昔ですか？

今尾　だいたい戦前ですね。ピウカはアイヌ語で「小石の河原」って意味なんですよ。ピウカに美深という漢字を当てていたのが、漢字につられて「びふか」という読みになったんです。

吉玉　そうなんですね。そういった変遷はどうやって調べるんですか？

今尾　この話は30年くらい前、美深町役場に電話して聞いたんだったかな。

吉玉　地名について調べに現地に行ったりも？

今尾　そうですね。もうずっと、仕事で地図や地名について調べていますから。地元の図書館に行ったり、教育委員会に質問したり。昔は役場に問い合わせると、地名に詳しい地元の人の電話番号を教えてくれたりして。今ではありえないですよね（笑）。

地名にまつわる伝説は後付け？

吉玉　地名ってどういう由来でつけられるのでしょう？　個人的に、民話や伝承が由来だとかっこいいなと思うのですが……。

今尾　そういうのは後付けのことが多いんですよ。地名が最初にあって、その地名に合わせた物語があとからできるパターン。

吉玉　そうなんですね！

今尾　たとえば兵庫県の六甲山地には「六つの兜《かぶと》を埋めた伝説」がありますが、これは地名が先なんですよ。ほとんどそうです。物語が先の地名は例外的だと思いますね。

吉玉　伝説由来ってかっこいいのに……。

今尾　地名は諸説あるんですよ。たとえば渋谷なら、渋谷さんって豪族がいた説、「しぼんだ（狭い）谷」の地形を表してる説、「渋い水（鉄分を含んだ水）」説と、いろいろあります。地名って名付けた人に聞かないと本当のことはわからないんです。

吉玉　じゃあ、どのように由来を調べるんですか？

今尾　地名学はサンプルをいっぱい集めて共通性を探るのが基本です。たとえば「落合」って地名は全国に何十箇所もあるんですが、ひとつひとつの落合の地形を見てみると、だいたい川が合流しているんですよ。だから「川が落ち合う＝落合」って推測が成り立つ。

吉玉　最初に気づいた人、名探偵みたいですね。

今尾　由来といえば、日本の地名は当て字が多いんですね。だから、地名の由来と漢字の意味が一致している地名もあるけど、そうじゃないものも多いですよ。たとえば羽田とか赤羽とか、羽がつく地名はいっぱいありますが、鳥の羽を由来としたものはほぼないと思います。

吉玉　では、羽田や赤羽の由来は？

今尾　あれは粘土なんですよ。埴（ハニ）というのが粘土質の土のこと。粘土質の土地だったから、その名前がついたんでしょうね。

吉玉　なぜ「埴」ではなく「羽」の字にしたんでしょう？

今尾　そのほうがかっこいいからです。

吉玉　そんな理由なんですか？

今尾　日本って古来は文字がなかったわけじゃないですか。それが中国から漢字が入ってきて、大和朝廷でも社会制度が整うにつれて文書を書き残すようになった。そうすると、今まで音だけだった村の名前に漢字を当てはめる必要があります。そのとき、なるべくよい漢字を当てるルールができたんです。

吉玉　自分が住むなら、なるべくかっこいい漢字のほうがいいですもんね。

今尾　そのうち好字二字といって、「国や郡の名前は2文字でなるべくいい字を使う」命令が出たんですね。だから相模や武蔵など、昔の国の名前は2文字なんですよ。それまで3文字や1文字で記していた国も、無理やり2文字に変更しました。たとえば大阪の南、和泉国ってありますよね。和《い》泉《ずみ》と書きますが、和は読まない。黙字です。これは好字二字に合わせるため、泉に和を足したんです。

吉玉　読まない字を足す解決法、トリッキーですね……！

地名は漢字のほうがいいと思う理由

吉玉　今尾さんは、最近のひらがな地名ってどう思われますか？

今尾　あまりよくないと思います。なぜかと言うと、日本語は英語みたいにスペースがないじゃないですか。だから、ひらがなだと助詞などと紛らわしいんです。

吉玉　たしかに読みづらいですね。

今尾　それに、漢字の訴求力ってすごく大きなものがあるのに、ひらがなにすると印象が薄くなりますよね。歴史的な地名の継承という意味でも、できるだけ昔からある漢字表記にすべきだと思います。

吉玉　ひらがな地名って、なんでひらがなにするんでしょう？

今尾　多いのは市町村合併したパターンですね。たとえば、かすみがうら市。霞ケ浦町と千代田町が合併するとき、霞ケ浦町のほうが有名なので読みを「かすみがうら市」にすることは決まったんですけど、そのまま漢字の霞ケ浦にしちゃうと、千代田町が吸収合併された感じになっちゃう。だから、ひらがなにしたんです。そういう地名が平成の大合併で激増し、地名の風景が妙な感じになってきました。

吉玉　穏便に済ませるためのひらがなだったんですね。

今尾　日本的な決着の仕方ですね。ありえない話ですが、もしも横浜と川崎が合併したら、横浜も川崎も絶対にお互い譲らないですよね？　そうすると「じゃあ平等に、県の名前をひらがなにしてかながわ市はどうでしょう？」ってなると思いますよ。

吉玉　痛み分けって感じですね。あと、合併後に位置の名前で呼ぶパターンもありますよね。西東京市とか。あれ、場所のイメージは湧いても街のイメージは湧きづらいですよね。

今尾　「東京の西にある」以外、何も言ってないですからね。しかも西東京市って東京都全体から見るとだいぶ東なんですよ。そりゃあ23区から見たら西だけど。

吉玉　たしかに私が住んでる町田市も西東京市よりよっぽど西です（笑）。ひらがな地名は多いですが、カタカナや外来語の地名はどうでしょう？

今尾　いっぱいありますよ。北海道の江別市に豊幌ってありますよね。そこに「豊幌はみんぐ町」ってあるんですよ。

吉玉　えっ！　江別の隣の札幌出身なのに知りませんでした。

今尾　世代によっては、はみんぐ町ってネーミングを素敵だと感じるんでしょうね。僕なら「はみんぐ町在住です」ってちょっと言いたくないけど。

地名で土地の安全性がわかる？

吉玉　地名から土地の安全性はわかりますか？　この文字がついている地名は危険とか……。

今尾　いえ、地名で安全性を判断することはできません。たまに「サンズイのついている地名は浸水しやすい」とか言われますが、そんなことないですよ。たとえば池袋。池にサンズイがついているけど、ほとんど台地の上で、9割以上は浸水の心配がない土地です。

吉玉　地名に惑わされちゃいけないんですね。

今尾　そう。サンズイの中でも「沼がつく地名は危ない」なんて説もありますけど、昔そこが沼だったとしても、沼に人が住んでいたわけじゃない。カッパじゃないんだから。沼を見下ろす小高い場所に集落があって、その地名に沼がつくことも多いんです。

吉玉　では、家を建てるときどうやって土地を選べばいいんでしょう？　建てる予定はないですが。

今尾　国土地理院ウェブサイト（https://maps.gsi.go.jp/）で、土地条件図が簡単に見られますよ。

吉玉　アプリですか？

今尾　いえ、サイトです。インストールしなくても誰でもすぐ見られます。このサイト、「土地の成

神保町周辺の土地条件図（国土地理院 数値地図25000〈土地条件〉）

り立ち」や「土地利用」「地形分類」ってカテゴリがあって、普通の地図だけじゃなくいろいろ見られるんですよ。

吉玉　便利ですね。

今尾　地図に土地条件図を重ねると、色がついて標高がわかります。オレンジ色のところは台地で浸水しにくいし、黄色いところは自然堤防で少し高いんですよ。昔から続いている川沿いの集落では、そこだけ土砂が堆積《たいせき》して少し地面が高くなっていて、それを自然堤防と呼ぶんです。

吉玉　標高が高いところは災害リスクが低いですか？

今尾　浸水リスクは低いけれど、場所によっては崖崩れなどがありますね。あと、気をつけたいのは丘陵地。丘を造成したところは山を削って谷を埋めているので、削られた場所はよくても埋めた

武蔵小杉周辺の土地条件図（国土地理院 地形分類〈自然地形〉）。

ところの地盤がゆるむんです。「地形分類」モードで武蔵小杉付近を見ると、今高層マンションがある場所は、青い帯で示された旧河道《かどう》がかかっています。

吉玉　2019年の台風19号で浸水したところですね。

今尾　ここはね、多摩川が氾濫して浸水したわけじゃないんですよ。ここは内水氾濫したんです。通常は、雨や下水はポンプで河川に流しますよね。だけどポンプの能力以上に水が集まると、マンホールから水が噴き上げてしまう。水があふれる場所を知っていると、土地選びも違ってきます。

吉玉　まったく考えたことありませんでした。

今尾　まぁ、ほとんどの人はその土地が川だったかどうかなんて調べませんよね。でも、なるべくなら昔から人が住んでいた場所に家を建てた方がいい。そういう土地は価格が高いんですけどね。

吉玉　次引っ越すとき参考にします！

海外と日本、地名の違い

吉玉　今尾さんは、ご自宅で地図を眺めて空想散歩したりしますか？

今尾　子供の頃からやってますよ。僕が中学生のときに沖縄が復帰して、そのあとは沖縄の地形図が一気に発売されてね。今みたいにネットがないので、本や地図から想像を巡らせていました。

吉玉　今はストリートビューも見られちゃうし、想像する楽しみは少ないかもしれないですね。

今尾　ストリートビューは、旅行に行くときは見ない方がいいんじゃないですかね。特に海外は。事前に見ると楽しみが減っちゃう。

吉玉　今尾さんは海外にもよく行かれますか？
今尾　はい、よく行きます。
吉玉　海外でも地名は気にされますか？
今尾　しますね。海外の地名も面白いんですよ。スイス語圏とフランス語圏の境目は、お互いの言語が混ざり合った方言のような地名があったり。ドイツでも、ハンブルクなど北部の街はスペルが北欧風だったりして。
吉玉　ヨーロッパは地続きだから言語が混ざりますよね。
今尾　たとえば、フランス語はKで始まる言葉がほとんどないんですね。だけどフランスのブルターニュ半島はKerで始まる地名が多い（Kerは村の意）。ケルト系のブルトン語の名残なんですよ。
吉玉　歴史と紐《ひも》づいているんですね。
今尾　また、欧米は通りの名称に人名を使うことが多いので、政治とともに扱いが変わります。わかりやすいのは、かつてたくさんあった「ヒットラー通り」。ドイツの敗戦により、旧東ドイツはヒットラー通りから、マルクス通りやエンゲルス通りに名称を変更しました。そして90年にドイツが統一したら、今度は17～18世紀ごろの名称に戻した。地名って政治に翻弄《ほんろう》されるんです。
吉玉　日本だと、政治家の名前の地名って聞かないですよね。
今尾　日本はあまり人名をつけませんね。例外的なのは、埋め立て地の鶴見から川崎にかけて。戦前から京浜工業地帯だったところに埋め立て事業者の名前がついています。
吉玉　たとえば？
今尾　浅野駅は、浅野財閥の浅野総一郎。安善駅は、安田財閥の安田善次郎の短縮形。武蔵白石駅は、日本鋼管の初代社長・白石元治郎からですね。

吉玉　昔の大金持ちですね。日本で人名がつく地名はここくらいですか？

今尾　あとは「○○新田」って地名ですね。江戸時代、享保の改革で新田開発を奨励したんです。それまで沼地や台地上はなかなか田んぼにできなかったんですが、その頃から用水路などを作る土木技術が発達して、新田開発が進みました。

吉玉　大昔に社会科で習った記憶が……。

今尾　そういう場所はことごとく○○新田って地名でした。たとえば東京都小平市に多かったのは鈴木新田や小川新田など、開拓者の名前がついたもの。野中新田は、野中さんという商人の名前。例は全国にありますが、出資するかわりに作物の何割かをもらうといった取り決めで、商人や豪商が新田に投資したんですよ。また、日野市の石田新田は人名ではなく、開墾した村の名前です。まぁ、「新田」がつく地名はだいぶ減っていますけどね。

吉玉　（鈴木、小川、野中、石田。どれもモーニング娘。歴代メンバーの名字だ……！）

今尾　日本で人名がつくのはこういう例ですね。欧米ほどはありません。

吉玉　日本は出資者や開拓者の名前で、政治家の名前はつけないんですね。

今尾　さすがにヨーロッパでも、現役の政治家の名前はつけませんけどね。地名になるのは、もう亡くなった偉人です。シャルル・ド・ゴールだとか。

吉玉　シャルル・ド・ゴール、人だったんですね。空港の名前だと思ってました……。そういえば、北アメリカ大陸の最高峰・マッキンリーがデナリに名前を戻しましたよね。

今尾　そう。マッキンリーは大統領の名前をつけたものですが、それを2015年に先住民の呼び名であるデナリに変更したんです。世界的に、先住民の言葉に戻す流れが目立ちます。ニュージーランド最高峰のマウント・クックも、今は「アオラキ／マウント・クック」が正式名称になりました。「アオラキ」は、先住民族マオリ族の言語で「雲の峰」という意味です。

方向音痴は克服しなくていい

吉玉　方向音痴を克服するのは可能だと思いますか？

今尾　どうでしょうねぇ（笑）。

吉玉　今尾さんは迷われます？

今尾　僕、方向音痴ですよ。

吉玉　そうなんですか⁉

今尾　ぐるっと回っちゃうと方角さっぱりですね。太陽が出ていれば、ざっくりわかりますが。

吉玉　じゃあどうやって目的地までたどり着くんですか？

今尾　地図を見ます。

吉玉　地図を見れば迷いませんか？

今尾　僕はそうですね。地図見ても迷うって人もいますけど、店名が書いてあるぐらい大きな縮尺の地図にすれば、ほとんどの人は大丈夫だと思いますよ。

吉玉　私はそれでも危ういときがありまして。この連載を始めて、最近はだいぶ地図に慣れてきましたが……。

今尾　でも、方向音痴は克服しなくてもいいと思いますよ。迷うって楽しいことでもあるので。僕はね、あえて地図を持たずに初めての街を歩きます。

吉玉　元の場所に戻れますか？

今尾　戻ってこられないこともあります（笑）。それが楽しいじゃないですか。意外なところにたどり着いたり、あとで地図を見て「こういうところだったのか！」と復習するのも楽しい。

吉玉　たしかに、原稿書くときロケで歩いたところを復習すると楽しいです。

今尾　あとはね、迷ったら人に聞くといいですよ。拒否されることもありますけど、そういうときは別の人に声をかければいいので。犬の散歩をしている人に尋ねるといいですよ。だいたい地元の人だから。

吉玉　あ、そういえば家の近所で迷子になったとき、犬の散歩してるおばあさんにわかる通りまで連れていってもらったことがありました。

今尾　いいですね。今の若い人は、子供の頃に「知らない人と話しちゃいけません」と教育されているでしょう。でもね、怪しい人って会ってみなきゃわかんないんですよ。見た目は怪しげだけどマトモとか、マトモに見えるのに微妙に危ないとか、いろいろな人がいる。それを学ぶためにも、子供のうちから知らない人と話したほうがいいと思うんです。

吉玉　人を見る目とコミュニケーション能力が養われそうですね。

今尾　僕は地方に行くと観光地でもなんでもないところを歩くので、よく怪しまれるんですよ。そんなときは挨拶をします。地名の取材のときは「こんにちは。ここの地名って面白いですね」とか。由来を尋ねたら教えてくれるし、地名に詳しい人を紹介してくれたりもしますよ。

吉玉　田舎に行くテレビ番組みたい……！

今尾　ずっと前にＪＴＢの「旅」という雑誌で地名の連載をしたとき、山形県の無音《よばらず》ってところに行ったんです。田んぼで地元の人に地名の由来を尋ねたら、「あそこの人が詳しい」と教えてくれて、その人の家を訪ねたらこたつに入れてくれてお茶も出してくれて。そこで、地名の由来となった伝説を教わりました。昔、沼の主を怒らせないよう音を立てずに歩いたから無音だそうです。もしかしたら後付けの伝説かもしれないけれど、語り継がれていること自体が貴重なんですよ。

吉玉　そういう取材、憧れます！

今尾　旅の出会いもいいものですよ。ネットで下調べをしていくと、ネットの範囲内しかわからない。あえて予習しないほうがいいかも。

吉玉　方向音痴の大先輩のお話を聞けて、とても心強いです。

今尾　いいんですよ、方向音痴で。

谷中で散歩チャレンジ！

念願の街ブラ！目的地を決めずに散歩してみる

この企画開始当初、私はこんなことを書いた。

〝方向音痴で困るのは、知らない場所に行くのが怖くなってしまうことだ。知らない街にもたくさん出かけたいのに、「道に迷うんだろうな〜」と思うと億劫《おっくう》になってしまい、ついつい知っている場所にばかり行ってしまう。

これは物書きである私にとって由々しき問題だ。行動範囲が狭いと拾えるネタが限られる。

あぁ、好奇心の赴くままに知らない街を歩けたらどんなにいいか……！〟

そう、方向音痴は数々の迷子経験によるトラウマから、迷子リスクの高い行為を避けがち。

しかし、この企画を通して方向音痴と向き合った結果、地図を見ることや方角を意識することに慣れ、だんだんと苦手意識が薄れてきた。また、お話を聞かせていただいた皆さんに「迷ってもいいから気ままに歩いてみて」と背中を押されたことも、心境の変化につながった。

今はとにかく、もっと街を歩いてみたい！

そこで、最後はいよいよ気ままな街ブラに挑戦。目的地を決めず自由に歩いてみる。はたして、「迷子の達人」は「散歩の達人」になれるのだろうか？

街ブラの舞台は憧れの下町

今回の舞台は私の希望で谷中に。小川糸さんの『喋々喃々《ちょうちょうなんなん》』を読んで以来、行ってみたいと思っていたのだ（行けよ）。『喋々喃々』は、谷中でアンティーク着物のお店を営む女性が主人公の恋愛小説。恋愛の描写よりも、下町情緒あふれる街の描写にグッときたのを覚えている。

今回はあえて谷中の下調べをせずにきた。『喋々喃々』も実家にあるので読み返せず、どんなお店が出てきたか思い出せない。

ＪＲ日暮里駅で担当編集の中村嬢と待ち合わせ。改札の前で待っていると、中村嬢から「改札前にいます」とメールが。えっ、私もいるけど……。見回すと、改札の向こうで手をブンブン振っている女性がいる。中村嬢だ。なんで改札の中に？

そこで気づいたが、改札の中にいたのは私だった。まだ改札を通っていなかったのだ。すっかり改札を出た気でいたよ。

駅に掲示されている地図をざっと見てから、谷中方面と書いてある西口を出る。駅を背に、❶広い道路の脇のゆるやかな坂を歩きだした。ここは別に下町っぽくない。まだ序盤も序盤だが、「さざんか可愛《かわい》いな〜」くらいしか思うことがなく、本当に散歩を楽しめるのか少し不安。というのも、私はたぶん散歩の才能がないタイプだ。いつも目的地に向かってまっしぐらに歩いてしまう。気ままに歩くことに憧れていたが、手持ち無沙汰にならないだろうか。

人の流れに沿って歩くと、かの有名な❷谷中銀座の看板が見えてきた。

中村　谷中は猫の街って言われてるんですよ。けっこうそれを前面に出してるみたいです。

吉玉　野良猫が多いんですか？

中村　たぶん……。

動物好きだからうれしい。猫ちゃんに囲まれたい。

谷中銀座の入り口では、着物や和雑貨のお店が路上に台を出して商品を広げていた。古着の着物が安く、着る予定なんてないのに一枚一枚手に取って品定めしてしまう。旅先に来たようで楽しい。

珍味を売る露店では、お店のおばさんに勧められるがままに試食。お店の人の話を聞くのも街ブラ番組っぽくていい。中村嬢はさっそく殻つきアーモンドを購入していた。荷物増やすの早くない?

1950年代から続く老舗の商店街

階段を下りると、商店街の本格的なにぎわいが始まった。食べもの屋さんや雑貨屋さんなど庶民的なお店がひしめき合っていて、歩くだけでワクワクする。

この雰囲気には覚えがあるな……と記憶をたどり、「そうだ、南米だ」と思い至った。私は夫と半年ほど海外を旅していた時期があり、そのとき訪れたペルーやボリビアの商店街と雰囲気が似ている。感覚的なことなので、具体的にどこが似ているってわけでもないが。

そういえば、旅の間は毎日知らない街をブラブラしていた。1人じゃなかったけれど、私はすでに街ブラを体験していたな。

小ぢんまりとした可愛いお菓子屋さん『やなかしっぽや』を見つける。人気のお店らしい。❸猫のしっぽを模した棒状のドーナツが売られている。買って歩きながら食べると、味は昔ミスドにあったホームカットみたい。

❹八百屋さん『尽誠食品』で、両腕で抱えるほど大きな一株のセロリを発見！前職（山小屋スタッフ）のとき、セロリを発注するとこれが届いた。東京のスーパーだと普通は1、2本ずつ売られていて、株ごとはめずらしい。

吉玉　セロリが一株150円！　これはお買い得ですよ！

私の興奮をよそに中村嬢はあまり気のないリアクション。セロリへの熱量は個人差がある。買いたかったけれど、今買うとこのあと撮影する写真すべてにセロリが写りこむので断念した。

なおも歩くと❺お総菜屋さん『初音家』からいい匂いが漂ってきた。ショーケースには大きな揚げ物が並び、その向こうでは割烹《かっぽう》着《ぎ》姿のおばあさんが揚げ物をしている。見ただけで「あ、こりゃ美味しいわ」とわかった。

最初は観光地っぽいと感じた谷中銀座だが、歩いているとかなりの頻度でチワ

3

4

ワを散歩させている人とすれ違った。犬の散歩をしているということは地元の方だろう。

また、意外とおみやげ物屋さんが少ない印象。観光地ではおなじみの、数珠ブレスレットやちりめんのティッシュケースがあまり見当たらない。

吉玉　観光地って、穴をのぞくと大仏とかが見えるキーホルダーありますよね。

中村　あぁ、よくありますね。

吉玉　子供の頃、駅ビルにアイドルのグッズ売ってる雑貨屋さんがあって。そこに、のぞくとキムタクが見える数珠ブレスレットが売られてました。

中村　……すごいですね。

もう20年以上忘れていた（余計な）記憶が急によみがえった。街ブラによって記憶中枢が刺激されたのかもしれない。

地図を見ると、観光に貪欲な人になった

谷中銀座のつきあたりはT字路で、❻とりあえず右に曲がった。ここも商店街で、新しいお店と古いお店が混在している。

❺

❻

吉玉　けっこう昭和から続いてそうなお店ありますね。クリスマスになったら、顔がリアルで体がモールのサンタのオーナメント飾ってそう。

中村　それ、なんですか……？

吉玉　知りません？　昭和のクリスマスツリーの定番だったんですけどね。

　平成生まれを困惑させてしまった。

　そんな話をしていると、右手に⑦看板を見つけた。看板によると、ここは「よみせ通り商店街」だそう。私たちが来た方向に千駄木駅、進行方向に西日暮里と書いてある。

吉玉　進行方向が西日暮里ってことは、北に向かって歩いてきたんですね。

中村　正解です！

　さっき駅の前に掲示された地図を見たとき、西日暮里駅が北側だったのを覚えていたのだ。この連載を始めてから、こういうことにだいぶ気がつくようになった。

　看板には赤い文字で「延命地蔵尊」とあり、私たちが来た方向に矢印が描かれている。ということは、その前を通ったのだろうか？　それらしいものは見なかったけど……。尋ねると、中村嬢も気づかなかったとのこと。

いったん大きな通り（不忍通り）に出たが、やっぱり延命地蔵が気になり、よみせ通りに戻った。探しながら歩くも、お地蔵さんは見つからない。

レトロ風だが新しそうな❽『喫茶 ニト』に入り、クリームソーダでひと息入れつつ、グーグルマップで延命地蔵の場所を確認することにした。今回は「歩きたいように歩く」がテーマだから、必要とあらば地図を見るのもOKだ。

グーグルマップを見たところ、延命地蔵尊はやっぱりよみせ通りにある。この喫茶店のすぐ近くだ。通ったはずなんだけどな。

不思議なもので、地図を見ると「面白いスポットを見逃したらもったいない！」という気持ちがむくむく湧いてくる。

吉玉　このあとは延命地蔵を見て、谷中霊園に向かって歩きましょう。その途中に岡倉天心記念公園やお寺があるので見ていきましょう。

我ながら、急に観光に貪欲な人になったな。

喫茶店を出て注意深く歩くと、❾延命地蔵尊を発見。真っ赤な幟まで立っているのに、なんで見落としたのだろう。お賽銭《さいせん》を入れ、お線香をあげた。

グッとくるフォントの看板に目がない

このあとは谷中霊園に向かって歩くことに。

吉玉　谷中って猫の街なんですよね？　今のところチワワの街ですよね。

中村　たしかに……。

いや、よく考えたらチワワの街ってメキシコだな。

谷中銀座とよみせ通りが交わる点に戻り、T字路をさっきとは反対の方向へ。喫茶店で地図を見たばかりだから方向はバッチリだ。

歩いていると、⑩脇道に気になる看板を発見。まるで純喫茶のようなデザインの看板なのに「靴下」と書かれている。

吉玉　行ってみましょう！

反射のように脇道に入り、靴下屋さん『スタウト』を物色する。街ブラに慣れてきて、寄り道に躊躇《ちゅうちょ》がなくなった。

元の通りに戻ると、ずいぶん昔からやっていそうな食堂を見つけた。ショーケースに飾られた食品サンプルが退色し、この店の歩んだ道のりを感じさせる。オレンジ色の庇《ひさし》に書かれた店名⑪『キッチン　マロ』のレトロなフォントがいい。

10

11

吉玉　あぁ、いいフォントですね……！

私はめずらしいフォントが好き。昔ながらの商店街はグッとくるフォントの宝庫だ。

着物屋さん『KYOEI東京店』の店先にはラックが出ていて、⑫色とりどりの日本手ぬぐいが安く売られていた。「せっかく来たんだから何か買って帰りたい」と旅先のおばちゃんのようなことを言い、手ぬぐいを購入。街ブラに慣れるにつれ、財布の紐も緩みがちだ。

さて、喫茶店で見た地図によると、そろそろ左に曲がったほうがいいはず。

吉玉　この辺で曲がりましょう。次の道で曲がっても、最終的に谷中霊園の近くに出るとは思いますが。

中村　吉玉さんにお任せします！

任されてしまった。さっき地図を見ながらイメトレしたので、この判断には自信がある。

⑬道を曲がると住宅地で、そのまま進むと⑭岡倉天心記念公園があった。さっき地図で見つけて、寄りたいと思った場所だ。岡倉天心の家があった場所らしい。建物は残っていなくて、木々に囲まれた静かな公園だった。

そのあとも、へんてこなイラストの看板やオシャレな模様の塀を見つけては、「これ見てください！」と報告しながら歩いた。谷中には面白いものがたくさんある。いや、もしかしたら見落としているだけで、近所にもあるのかもしれないな。

だんだんお寺が増えてきて、直感的に「そろそろ霊園だな」と思った。たしか『喋々喃々』にもお寺が出てきたような。今度はちゃんと読み返して聖地巡礼したい。

しっとり散歩を楽しめる谷中霊園

歩いているうちに、気づけば⑮谷中霊園に入っていた。そう書くと狐《きつね》に化かされたようだが、霊園の境目がわかりにくかったのだ。

吉玉　あ、⑯スカイツリー！

中村　近いですよね〜。

言ったものの内心「スカイツリーじゃなかったらどうしよう」とビクビクしていたので、当たっていてほっとする。

谷中霊園は山手線の駅のそばと思えないほど自然豊かだ。木々に囲まれていて、桜の時季はとても綺麗だそう。広々していて気持ちいい。

前方から散歩中のヨークシャーテリアが尻尾を振って私たちのほうに来た。飼い主さんの許可を得て撫《な》でると、喜びのあまりジョジョジョジョと盛大に漏らしていた。知らない人にそんなにうれションする？

墓地と墓地の間の広い通りをすみずみ歩き、今度は墓地の中に入ってみる。いくつものお墓が並ぶ石畳の道はしっとりした風情があり、不謹慎だが散歩に適している。デートにもよさそうだ。けれど「お墓行かない？」って誘われたらギョッとするだろうな。

あるお墓の前には、黄色いバラの花束が供えられていて、亡くなった方とバラを供えた方に思いをはせた。

吉玉　谷中って猫の街なんですよね？　今のところ、チワワとヨーキーしか会ってませんけど……。

そのとき、墓石の後ろから⑰丸々とした茶トラ猫がこっちを見ていることに気づいた。猫の街でようやく出合えた猫だ。近づいてほしくて猫の鳴き真似をしたが、イラっとしたようにそっぽを向かれてしまった。ごめん。

⑰

墓地を抜けると、そこは日暮里駅前だった。なるほど、ここに出るんだな。今日歩いたルートの地図を思い浮かべた。

散歩は小さな旅

これで谷中をひとしきり歩いたわけだが、心残りがある。商店街の八百屋さんで見た花束みたいなセロリだ。あれがどうしても欲しくて、ふたたび八百屋さんに行った。

私の願いが通じたのか、セロリはまだあった。愛知県産のセロリを嬉々として購入する。ぜんぜん谷中に関係ないものをおみやげにしてしまったな。今後、私は谷中と聞けばセロリを思い出すだろう。

日暮里駅に戻り、⑱セロリを抱えて記念撮影をした。なんの写真だよ。

ともあれ、日暮里駅を出発し2時間半ほどお散歩して、特に困りごともなく日暮里駅に戻ることができた。帰り道がわからなくなったときのためにアプリ「Waaaaay!」も待機させていたが使わずじまい。これはいい街ブラだったのではないか。

今回街ブラをしてみて、旅のようだと感じた。見るものがいちいちめずらしく、「あれ見て！」と言いたくなる感覚。きっとどれだけ近場でも、知らない街を歩くのは旅だ。散歩は小さな旅。そんな言葉を思いつく。

東京にも、まだ降りたことのない駅がたくさんある。この先もいろんな街と出合い、小さな旅をたくさん味わうのだろう。ときに迷いながら。

そう思うと、平凡な駅の風景がきらきらして見えた。

── 谷中　散歩チャレンジの道のり ──

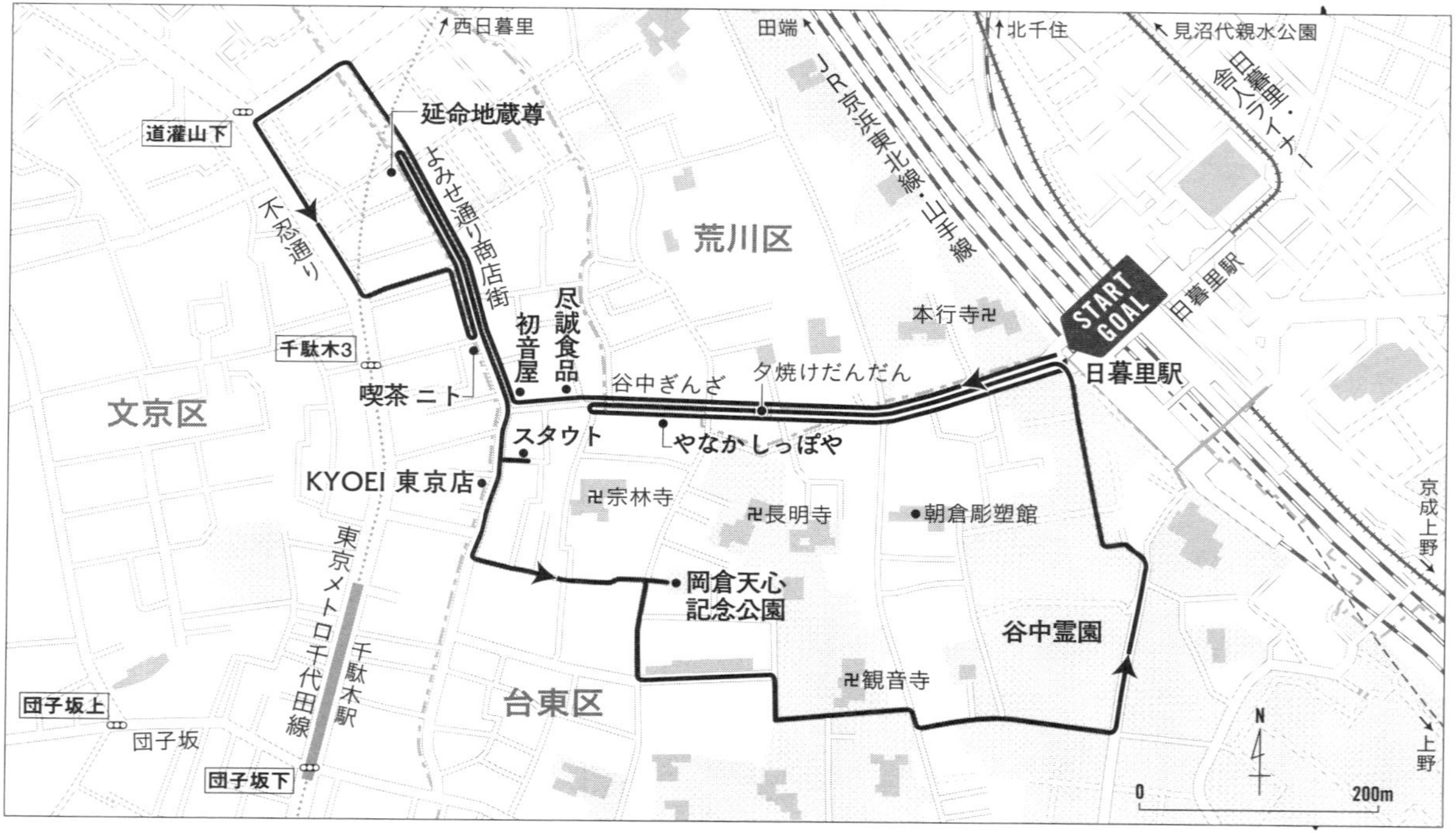

方向音痴は、なおったのか

1年と少しの間、方向音痴を克服するべくさまざまなことをやってきた。

専門家にお話を聞かせてもらったり、アプリと紙の地図を使い比べたり、地図を描いたり、何も見ずに札幌の街を歩いたり、使いやすいアプリを探したり。協力してくださった新垣教授、今和泉さん、皆川さん、今尾さんにはとても感謝している。

さて、私は方向音痴を克服できたのか？

……と問われれば、ちょっとは克服できたと思う。今も迷うことはあるので、自信満々に「方向音痴を克服しました！」とは言いにくいが、連載前よりは確実に迷うことが減った。

どれだけ変わったのか、最初に書いた「方向音痴あるある」を見返し、ビフォーアフターをいくつか紹介しよう。

地図をくるくる回してしまう

これは今でも回す。新垣先生も「回していい」って言っていたし。ただ、グーグルマップの画面はあまりいじらず見るようになった。やたらめったらいじったら余計に混乱することを学習したので。

「北が上じゃない地図」を見てもそのことに気づかない

駅に掲示されている地図を見るときは、図の端にあるコンパスのマークで方角を見るようになった。地図を前に「ふむ、公園のあるほうが北か」などと思うとき、まるで自分が方向音痴じゃない人になったようでうっとりする。

最初の一歩を勘で歩きだす

勘で歩きださなくなった。新垣先生に教わったとおり、地図と風景に2カ所目印を見つけ、方向を割り出してから歩きだすように。

ショッピングモールで同じ店にばかりたどり着く

これは今もそう。ショッピングモールではそんなに地図を見ないし。ただ、ちゃんと地図を見れば前ほど迷わないと思う。

東西南北ではなく前後左右で言ってほしい

今も、東西南北より前後左右のほうがわかりやすいと思っている。ただ、地図があれば東西南北も多少はわかるようになった。「北がこっちだから西は……えーと、こっちか」といった具合に、方角の把握には時間がかかるけれど。

マップアプリに向かって怒る

相変わらずナビ機能との相性は悪く、俯瞰の地図のみを使うようになった。歩きだす前にスタートからゴールまでざっと見ておく、やたら拡大・縮小をしないなど、学んだことを生かしている。以前よりはマップアプリへの苦手意識が軽くなった。

あらためてまとめてみると、けっこう変わっているな。我ながら驚く。

方向音痴の克服に取り組んで、わかったことがある。

私はずっと、方向感覚というものを「あるかないか」だと思っていた。それは音感や運動神経のような生まれつきの素養であり、方向音痴を克服するには方向感覚を鍛えるしかないのだと。

しかし、必ずしもそうではないことに気づいた。方向音痴はパッとなおるものではないが、

「頻繁に現在地を確認する」「常に方角を意識する」「脳内に地図を思い描く」など、小さな工夫の積み重ねによって確実によくなる。方向音痴じゃない人たちは、意識的かはさておき、そういった小さな工夫をしていたのだ（皆川さんのように生まれつき北がわかる人はまれ）。私との違いはそこだった。

私は、この連載を通して小さな工夫をたくさん学び、地図を見ることや街歩きにも慣れていった。今も方向音痴だけれど、連載前に比べたらかなりマシだと思う。これは、運動音痴の子が特訓によって少しは速く走れるようになるのと似ている。もともと運動神経のいい子には及ばなくても、特訓前よりはタイムが縮む。この連載をやってよかった。

もうひとつよかったのは、街歩きが好きになったこと。

お話を伺った方々から「迷うのも楽しいよ」「迷ってもいいから気ままに歩いてみて」との言葉をもらうたび、方向音痴の克服よりも、街歩きを楽しむほうに意識が向いていった。何かを偏愛している人のパワーはすごい。地図、地形、地名への愛に触れるうちすっかり影響を受け、私も『ブラタモリ』的な散歩をしてみたくなった。それが最後の谷中散歩だ。

街が持つストーリーを意識して歩くことで、見慣れた街がより鮮明に見えるようになった。その街の歴史や産業への関心も強まり、物書きとして視野が広くなった気がする。今は街歩きがとても楽しい。もっともっと、いろんな街を散歩してみたい。

というわけで、本書は次の言葉で締めさせていただく。

方向音痴はコツをつかめば（やや）改善されるし、そのままでも街歩きって楽しい！

吉玉サキ

よしだま・さき　ライター・エッセイスト。札幌市出身。北アルプスの山小屋で10年間働いた後、2018年からライターとして活動を始めた。近著は『山小屋ガールの癒されない日々』(平凡社)。山では迷ったことがないが、下界では方向音痴。

＊本書は、Web「さんたつ by 散歩の達人」に2019年10月〜2021年1月まで連載されていた「グーグルマップを使っても迷子になってしまうあなたへ」を加筆修正し、書き下ろしを加えたものです。

方向音痴って、なおるんですか？

2021年5月21日　第1刷発行

著　者　吉玉サキ

発行者　横山裕司

発　行　株式会社 交通新聞社
〒101-0062
東京都千代田区神田駿河台 2-3-11 NBF 御茶ノ水ビル
編集部 ☎ 03・6831・6560
販売部 ☎ 03・6831・6622
https://www.kotsu.co.jp/

印刷・製本　大日本印刷株式会社

デザイン　岡 睦（mocha design）
表紙イラスト　野田映美
本文イラスト　絵と図 デザイン吉田
章扉イラスト　中村こより
マップ　河合理佳

ISBN　978-4-330-02421-9